展览主办单位

湖南省博物馆　故宫博物院　中国人民革命军事博物馆
中国社会科学院考古研究所　辽宁省博物馆　山西博物院
首都博物馆　上海博物馆　南京博物院　湖北省博物馆
浙江省博物馆　新疆维吾尔自治区博物馆　甘肃省博物馆
内蒙古博物院　安徽博物院　黑龙江省博物馆
湖南省文物考古研究所　南京市博物馆　法门寺博物馆
广汉三星堆博物馆　宝鸡青铜器博物院　荆州博物馆
深圳市金石艺术博物馆

展览筹备委员会

段晓明　王旭东　李洪军　陈星灿　吴炎亮　张元成
白　杰　杨志刚　龚　良　方　勤　陈　浩　于志勇
贾建威　陈永志　胡　敏　王　军　郭伟民　黄　晨
姜　捷　朱家可　陈　亮　王明钦　吴强华　李建毛

【策展人】［按姓氏笔画排列］
王树金　方昭远　卢　莉　刘　涛　李建毛
余斌霞　郑曙斌　郭三娟　聂　菲　喻燕姣
舒丽丽

【项目统筹】王树金
【项目助理】张　锋　覃　璇
【艺术设计】潘　勇　黄　申　吴　倩　彭　苏　郭　楠

【图录编辑】聂　菲　杨慧婷
【校对比红】王　超　刘慧林

中国古代文明系列展
Culture of Ancient China Exhibition Series

根·魂 中华文明物语

Root · Soul
Story of the Chinese Civilization

湖南省博物馆 编

岳麓书社·长沙

目录

前　言

壹 文明起源

新石器时代 鲵鱼纹彩陶瓶 …… 郭三娟 4
新石器时代 神人兽面纹玉琮 …… 喻燕姣 8

贰 青铜时代

商代晚期 司母辛铜方鼎 …… 舒丽丽 14
商代晚期 青铜面具 …… 舒丽丽 19
西周晚期 “四十三年”逨鼎 …… 舒丽丽 23

叁 文明奠基

战国早期 曾侯乙铜鉴缶 …… 舒丽丽 30
战国中期 商鞅方升 …… 喻燕姣 35
战国中期 彩绘猪形漆酒具盒 …… 聂　菲 38

肆 天下一统

秦代 里耶简牍 …… 王树金 44
西汉 T形帛画 …… 郑曙斌 47
东汉 错银牛形铜灯 …… 郑曙斌 50
汉晋 “金池凤”锦袋 …… 王树金 53

伍 融合创新

魏晋 驿使图画像砖 …… 王树金 58
六朝 青瓷莲花尊 …… 郭三娟 62
北朝 翟门生石床屏风及石阙 …… 王树金 66
北魏 彩绘人物故事漆屏 …… 卢　莉 73

陆 大唐气象

唐代 启摹王羲之《兰亭序》 …… 卢 莉 78
唐代 彩绘伏羲女娲图麻布画 …… 郑曙斌 84
唐代 鎏金鸿雁纹银茶碾 …… 方昭远 87

柒 宁静致远

南宋 斗浆图 …… 方昭远 94
南宋 景德镇窑青白釉观音坐像 …… 方昭远 97
南宋 朱克柔缂丝《牡丹图》 …… 余斌霞 100
辽代 鎏金高翅银冠 …… 喻燕姣 106
金代 砖雕戏俑 …… 李建毛 110

捌 太和盛平

元代 青白釉镂雕“八仙庆寿”戏曲瓷枕 …… 李建毛 120
元代 王渊《桃竹锦鸡》图轴 …… 卢 莉 126
明代 仇英《清明上河图》 …… 卢 莉 130
清代 珊瑚红地珐琅彩花鸟瓶 …… 方昭远 138

玖 开启新纪元

现代 北京和平解放时移交的城门钥匙 …… 刘 涛 144
现代 《决战前夕》油画 …… 刘 涛 146

后 记

前 言

中华文明历史悠久，博大精深，已成为人类的共识。支撑这一结论的依据，便有浩如烟海的“实证”。本展从“实物”角度来观照中华文明历史长河，尽管仅30件(套)展品，只是“太仓一粟”，遴选时又受诸多条件限制及策展人学识的局限，或不具代表性，然亦可窥文明之一斑。

中华文明的进程，呈多向度、多维度展开，而非单线延展。本展将展品还原于时空坐标中，多向度梳理其发展脉络，查找其在各个坐标体系中所在位置，在此基础上进行多方位解读，以此呈现文明的绚丽多彩。

中华文明是世界上唯一未曾中断的古老文明。中国处亚欧大陆东极，虽有无际海洋、高山屋脊、无垠沙漠阻隔，但发展却非封闭式的，南北有草原文化与农耕文化的交流与融合，东西有与古埃及、希腊、罗马、波斯、阿拉伯文化的交流与互动，宗教有佛教、拜火教、景教、伊斯兰教等相继传入。随着时间的推移，外来文化或消失无踪，或逐渐“华化”……文明在不断的交流中碰撞，在传承中创新。不少展品便是南北文化、中西文化交流与融合的见证。

历史与现实是无法割裂的，从原生态发展起来的文明尤为如此，这些文物与今天似无关联，实际上，仍有千丝万缕的联系，它们影响我们的思维方式……渗入我们的血脉，是文化的“根和魂”，“今天依然是我们推进改革开放和社会主义现代化建设的强大精神力量”。

谨以此展览庆祝中华人民共和国成立七十周年！

壹

文明起源

水是生命之源，人类早期文明往往与河流密切相关，长江、黄河流域是中华文明最早的发祥地之一。仰韶、马家窑文化彩陶，良渚文化玉器，分别是黄河流域粟耕、长江流域稻作农业孕育的文明象征，这些文化既有独特个性，又相互影响，构成中华文明的多源与多彩。

新石器时代

鲵鱼纹彩陶瓶

高 38.4 厘米，口径 7 厘米，底径 12 厘米
1958 年甘肃甘谷西坪遗址出土
甘肃省博物馆藏

此瓶属于仰韶文化（前 4900—前 3000 年）时期，可能作水器之用。最引人注目的是腹部黑彩绘画的鲵鱼纹，构图简单明了，线条奔放潇洒。此纹样及其变体花纹为甘肃地区新石器时代晚期彩陶所特有。关于这种纹饰形象的推论目前有三种：一是鲵鱼纹，二是“人首蛇身”的伏羲形象，三是龙纹。无论哪种解释，纹饰的拟人化处理都反映了早期人类对其所处环境的认知，也可能代表了当时氏族部落的某种符号化的图腾崇拜。

鲵鱼，俗称娃娃鱼，在我国亚热带、暖温带地区河溪中广有分布。环境考古学家认为现今较为干旱、海拔较高的甘肃地区，仰韶时期应当有较充足的水域，才能适宜鲵鱼生存。此陶瓶的纹饰很可能就是对鲵鱼的写实描绘。

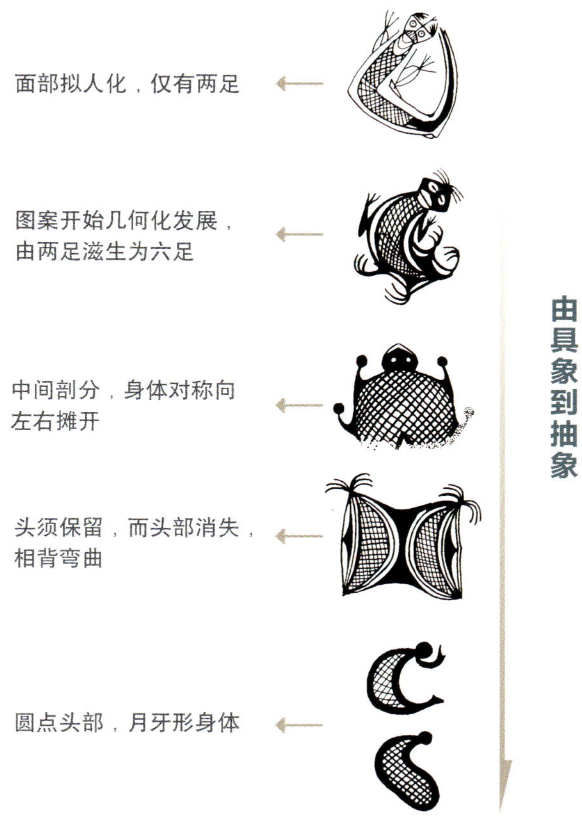

甘肃地区新石器时代晚期彩陶中鲵鱼纹的演变

据张朋川《中国彩陶图谱》绘制

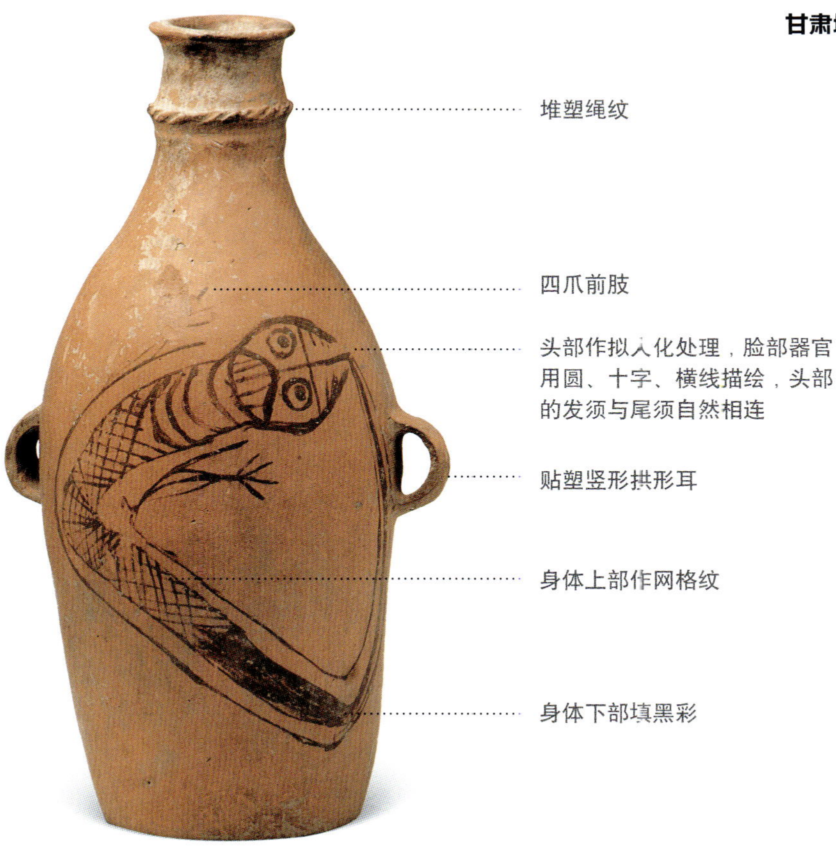

鲵鱼纹彩陶瓶

内容拓展

“人首蛇身”伏羲形象的雏形

伏羲是古代传说中的中华民族人文始祖，是我国文献记载最早的创世神，鲵鱼纹有可能就是“人首蛇身”伏羲形象的雏形。

❖仰韶文化（前 4900—前 3000 年）　　❖齐家文化（前 2400—前 1400 年）　　❖成熟的伏羲形象

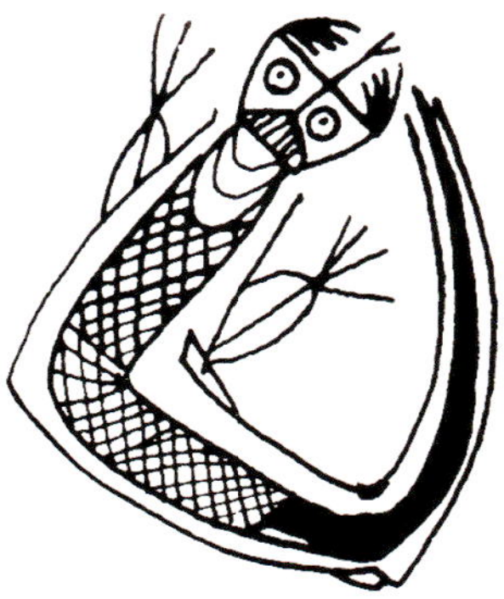

鲵鱼纹

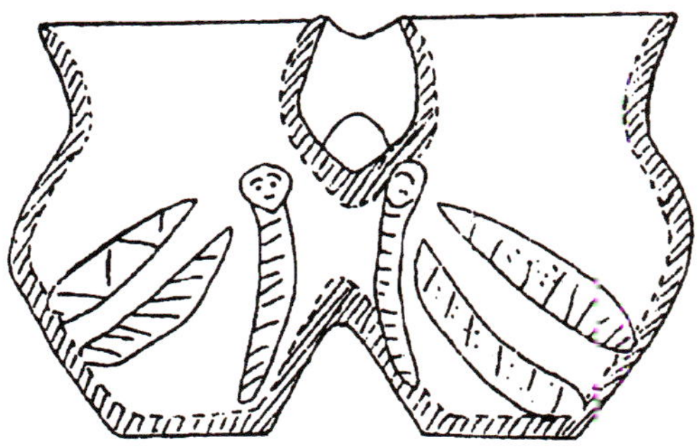

甘肃临洮冯家坪出土蚕纹双联罐
有人认为其上绘画的应为最早的伏羲形象

河南洛阳西汉卜千秋壁画墓中的人蛇鱼画像——伏羲形象

最早的龙纹——图腾崇拜

有学者认为鲵鱼身体偏上部位的网状纹代表龙鳞，鲵鱼纹就是中国最早的龙纹，反映了早期人类的图腾崇拜。

❖人类早期文明中的“龙”形象

东北地区红山文化玉龙、玉猪龙
前 4700—前 3000 年

黄河中游地区陶寺文化盘龙纹彩陶盘
前 2600—前 2000 年

黄河流域早期文明的象征——彩陶

黄河流域是中华文明的起源地之一，作为其早期文明的象征，彩陶不仅反映了当时人类的审美特点和艺术水准，更体现了人类社会的物质发展水平。黄河中上游地区彩陶从公元前6000年前后的萌芽，到公元前1400年左右的衰退，经历了由简易粗糙到精致华丽，再到式微消亡的演变趋势，为我们呈现了灿烂的彩陶文明盛宴。

❖ 黄河中上游地区彩陶发展脉络

◎ 前6000—前5000年：老官台文化——萌芽

宽带纹三足钵

◎ 前4900—前3000年：仰韶文化——发展

人面鱼纹盆

鸟纹盆

鹳鱼石斧图缸

◎ 前3000—前2000年：马家窑文化——鼎盛

旋纹罐

舞蹈纹盆

◎ 前2400—前1400年：齐家文化——衰落

三角纹双耳罐

【撰稿】郭三娟

新石器时代

神人兽面纹玉琮

高 8.9 厘米，上射径 17.1 厘米 ×17.6 厘米，下射径 16.5 厘米 ×17.5 厘米，孔外径 5 厘米，孔内径 3.8 厘米
浙江余杭反山 12 号墓出土
浙江省博物馆藏

琮是良渚文化最具代表性的玉器，是良渚高等级贵族使用的代表权力、身份、地位的礼仪玉器，是良渚先民宇宙空间世界的反映和沟通天地、进行巫术活动的一种法器。基本形制是上大下小、内圆外方。琮体四周对称地雕刻繁简不一的神人兽面纹（神徽）。此玉琮是迄今为止雕琢最精美、品质最佳、体量最大、拥有神徽最多的玉琮，被誉为“琮王”。

背景资料

反山 12 号墓神人兽面纹玉琮出土情况

文物图解

玉琮结构：神权中的天地宇宙观

琮上下两端的圆意为天、地，琮孔的圆心象征天极与地极，贯穿上下的射孔可穿棍子，即为天地柱，琮上下四角的射面为天地方位，直槽为天地通道，四角及直槽上琢刻的神人兽面纹（神徽），象征充满原始宗教气氛的人间。整器是当时天地宇宙的象征。

神人兽面纹玉琮纹饰

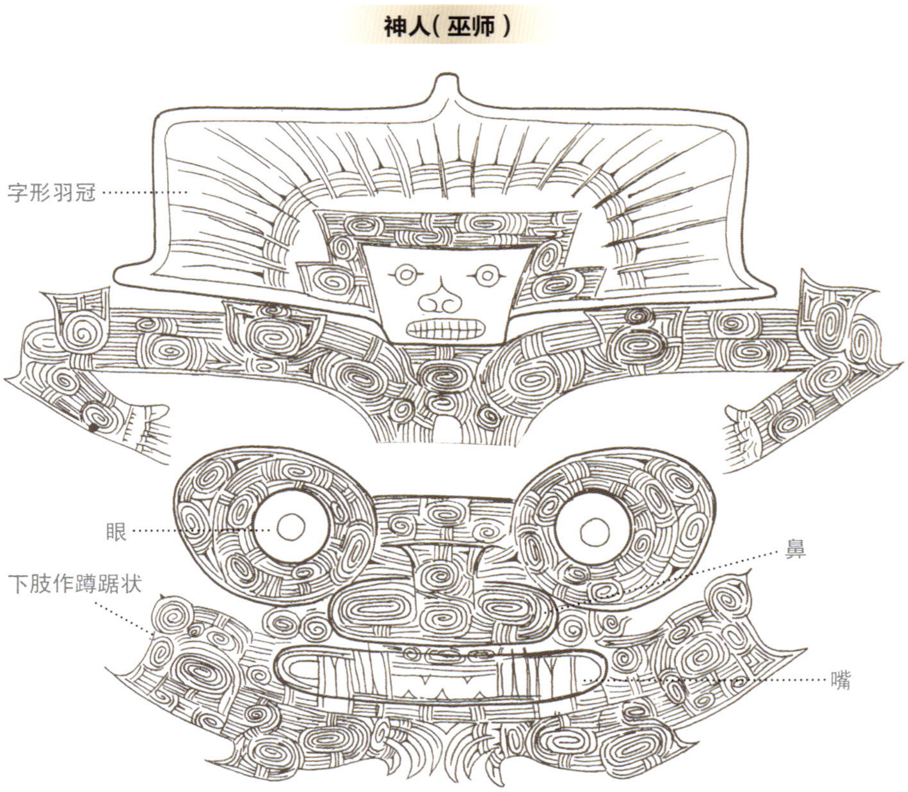

神徽线图

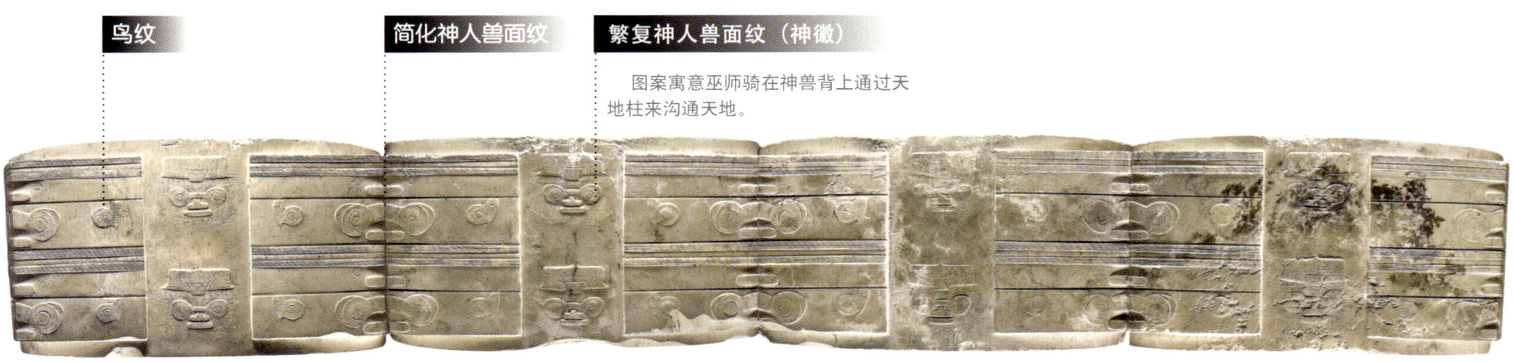

玉琮侧面纹饰展开图（图片为《良渚玉工》邓聪教授拍摄）

内容拓展

良渚玉琮形制演变

早期为圆形玉琮，后逐渐沿神人兽面纹鼻线形或折角，形成玉琮外方内圆形式，并向高节琮方向发展。继而推动了琮式玉管、琮式玉柱形器及琮式玉锥形器的产生。

瑶山 M9
圆形玉琮

反山 M20 四角节面
凸起明显的矮方琮

江苏武进寺墩 M3
高体形多节玉琮

瑶山 M7
琮式玉管

反山 M12
琮式玉柱形器

反山 M20
琮式玉锥形器

神人兽面纹（神徽）在不同器物上的表现形式

神徽形态固定，贯穿良渚文化始终，是良渚先民共同尊奉的至高无上、唯一的神祇，标志着良渚社会有着高度一致的精神信仰，是良渚人的“魂”。神徽在琮、璧、钺、三叉形器、冠状饰等所有良渚玉器器形上皆可见到，有镂空、浅浮雕，阴线、阳线雕刻等不同表现形式。

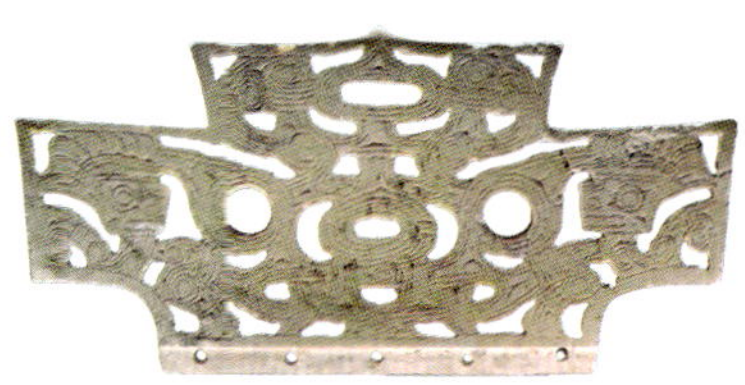

神人兽面纹（神徽）的演变

神徽经历了从早期繁复、具体、形态多样、雕刻图案与器物形态之造型变化并重，到晚期渐趋简化、抽象的过程。早期主要以图案表达神灵意象，晚期被规范、定型化的玉礼器形态寓意所替代。

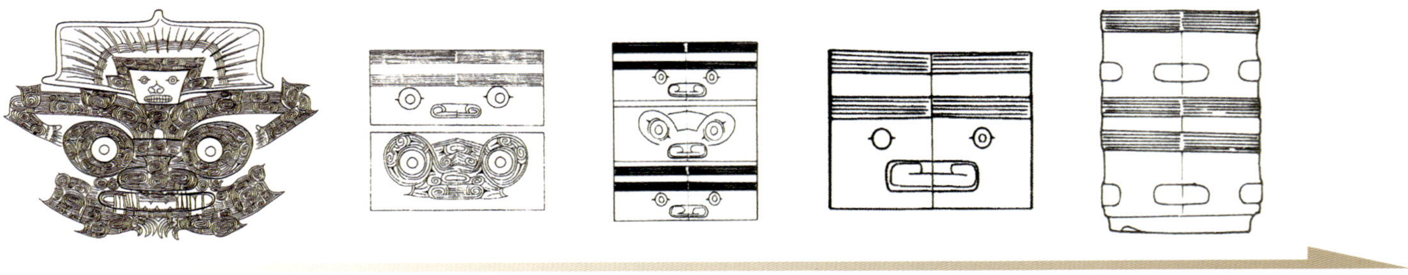

良渚文化主要遗址点与聚落等级分布图

良渚文化是指公元前 3300—前 2300 年长江下游环太湖地区的一个区域性早期国家文明形态。杭州余杭的良渚古城遗址为其核心区域，作为良渚文化权力与信仰中心，它有规模宏大的城址、功能复杂的外围水利系统、不同等级的墓地（包括祭坛）和以玉器为代表的出土物，揭示了这里曾经是一个稻作文明高度发达、出现明显社会分化和具有统一信仰的区域性早期国家，而且是目前所知新石器时代长江流域、中国境内乃至整个东亚地区规模最大、年代最早、功能最复杂完整的早期国家的城市文明。

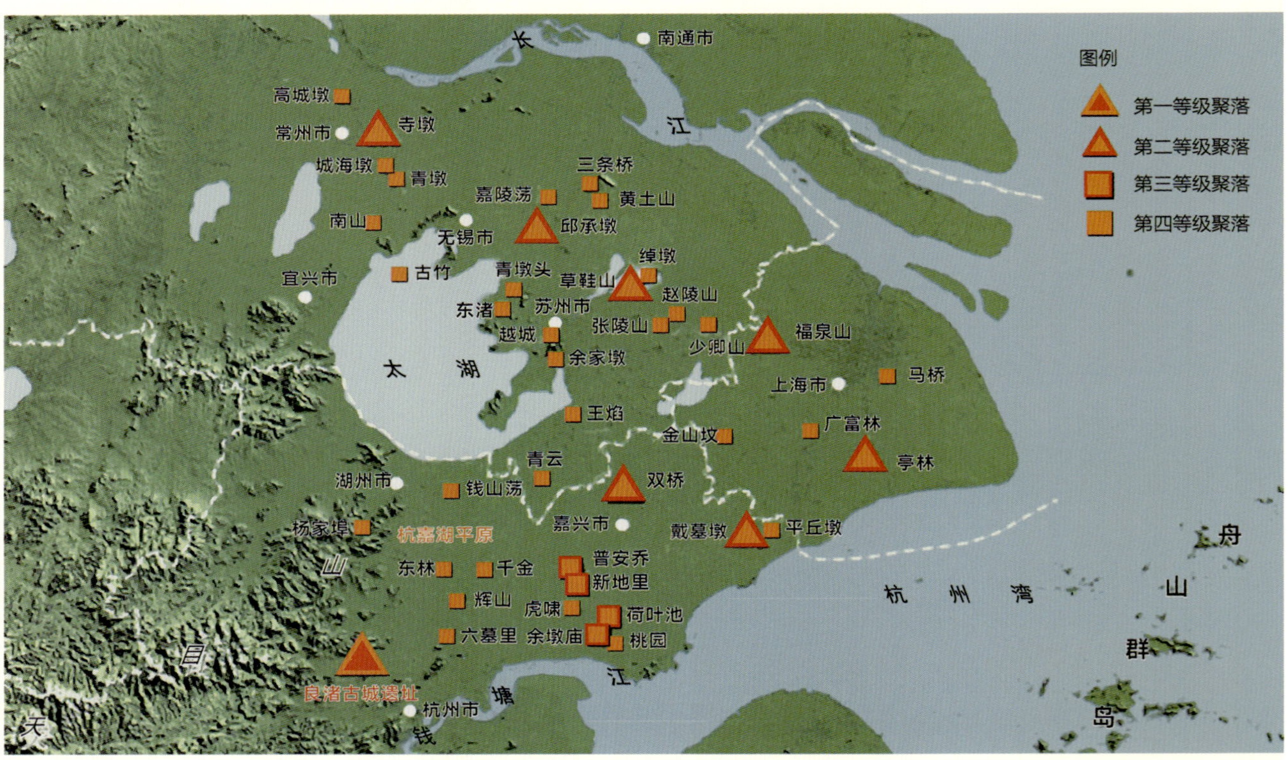

【撰稿】喻燕姣

贰

青铜时代

“国之大事，在祀与戎。”使用人工合成的青铜制造的生产工具、武器和祭器，最能代表商代的生产力和文明成就。西周时，创建了完备的宗法礼制，青铜器既是象征身份等级的礼器，又是追思先祖、歌功颂德的重器。

商代晚期

司母辛铜方鼎

通高 80.1 厘米，口长 64 厘米，口宽 47.6 厘米，
壁厚 0.8 厘米，重 117.5 千克
1976 年河南安阳小屯妇好墓出土
中国社会科学院考古研究所藏

铜方鼎出现于商代，较圆鼎为尊，多出土于贵族大墓。妇好墓出土司母辛铜方鼎两件，保存完好，其中最大的一件比目前所见商代最大的司母戊铜方鼎要小，但数第二大的方鼎。此鼎有“司母辛”铭文，应是其子为祭祀其母“辛”而铸造。“辛”为妇好去世后的“日名”，相当于后世的谥号。青铜器是商代社会文明的标杆，青铜鼎由新石器时代作为实用器的陶鼎发展而来，并逐渐被赋予礼器的内涵，成为“国之大事，在祀与戎”的代表性见证物。

背景资料

妇好墓墓室复原

妇好墓出土器物种类较多，主要有玉器755件、骨器564件、铜器468件、石器63件、宝石制品47件、蚌器15件、陶器11件、象牙器5件等。

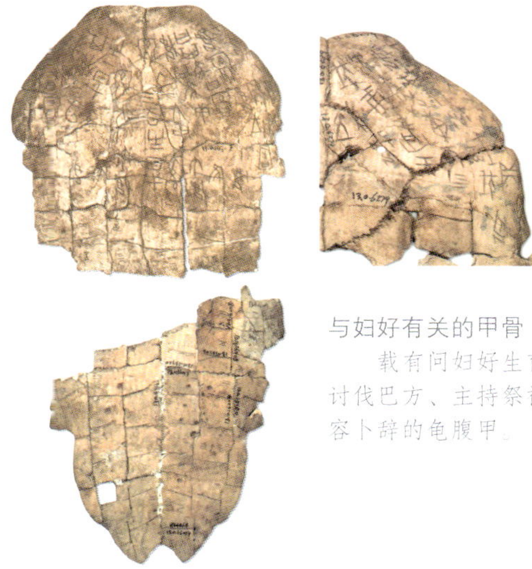

与妇好有关的甲骨卜辞

载有问妇好生育孩子、讨伐巴方、主持祭祀等内容卜辞的龟腹甲。

结合妇好墓出土青铜器铭文及甲骨文可知，妇好即“司母辛”“司辛”。妇好墓是目前唯一能与甲骨文联系并断定年代、墓主人及其身份的商王室成员墓葬。妇好既是商王武丁的王后，也是中国历史上有据可查的第一位女将军，还是可以主持祭祀的女祭司。

文物图解

纹 饰

司母辛铜方鼎口沿下的主纹为兽面纹（也称“饕餮纹”），由两个相对的夔纹组合而成，高凸扉棱作鼻梁。商周统治者用青铜器纹饰的“狰狞恐怖”来表达王权的“神秘威严”，也有观点认为这类纹饰不是为了威吓，而是为了与神沟通，反映了当时人们对自然神的崇拜。

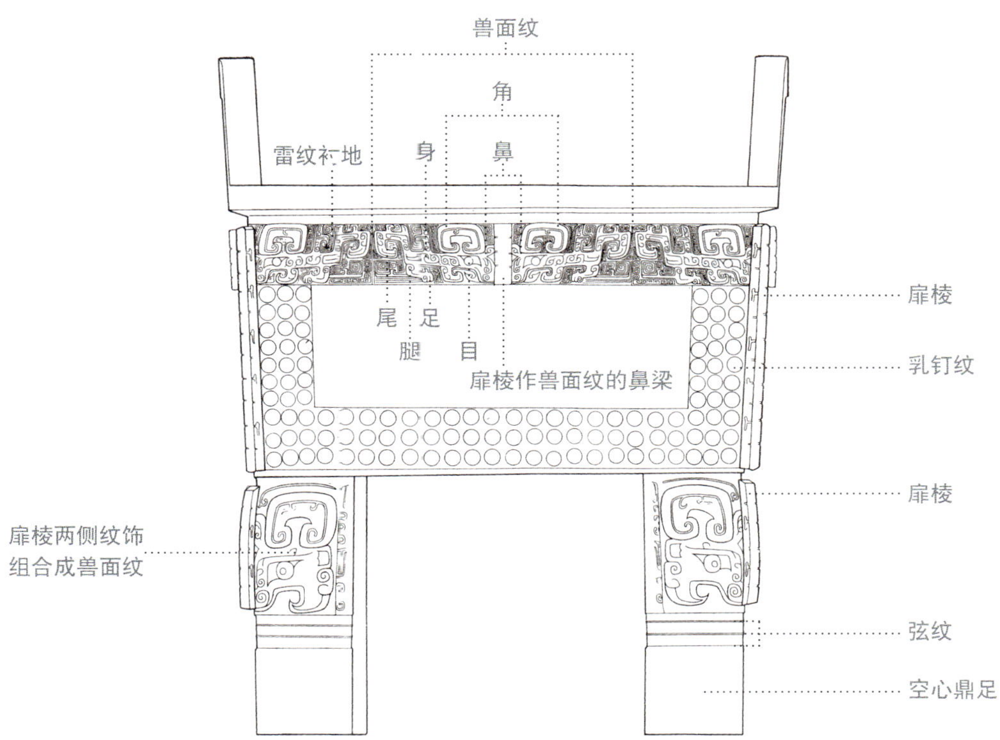

目前所见最重的青铜器，也是最大的商代晚期方鼎——司母戊铜方鼎
通高 133 厘米，口长 110 厘米，口宽 79 厘米，重 832.84 公斤

商周青铜器上的兽面纹

兽面纹（商代中期兽面纹爵）

牛角型兽面纹（商代晚期古父己卣）

外卷角型兽面纹（商代晚期戊箙卣）

内卷角型兽面纹（商代晚期兽面纹斝）

曲折角型兽面纹（西周早期无重鼎）

环柱角型兽面纹（西周早期兽面纹鼎）

铭 文

铭文“司母辛”（多数观点），也有将其释读为“后母辛”“姤辛”。其中“司”一般认为是指商代王宫中的女官，掌管宫中祭祀；“母”为母亲的意思；“辛”则为“日名”，也即死者受祭时所用“日干”(即用“甲乙丙丁戊己庚辛壬癸”表示顺序）。“日名”依照世次、长幼、即位与死亡先后等的顺序排列所得，在商代比较流行，直到战国消失。

释文：司母辛

商代青铜器上“母”字的不同写法

商代青铜器上“辛”字的不同写法

商代青铜器铭文中的日名统计

	祖	父	兄	妣	母
甲	5	38			3
乙	32	303	1	2	7
丙	4	24	1	1	2
丁	45	260	3	1	1
戊	16	61	1		5
己	28	197	1		8
庚	5	42	1		
辛	31	177	5	5	15
壬	6	14	3		
癸	29	205	4	4	14

在商代亲属称谓中，凡父辈均称为父，母辈均称为母，子辈均称为子。因此同一族氏中，存在“日名”相同的人，如武丁、康丁（武丁之孙）等。

铸 造

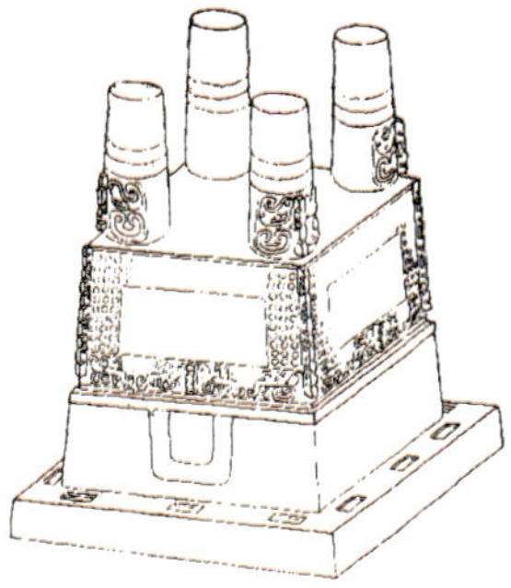

司母辛铜方鼎泥模复原图

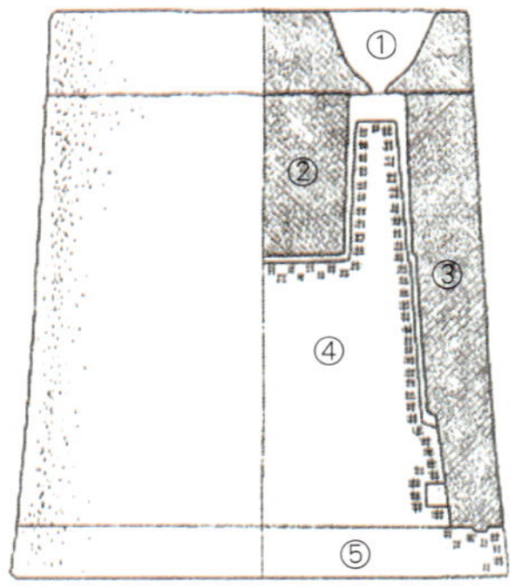

①浇口 ②顶范 ③腹范 ④芯 ⑤底范

司母辛铜方鼎的铸型示意图

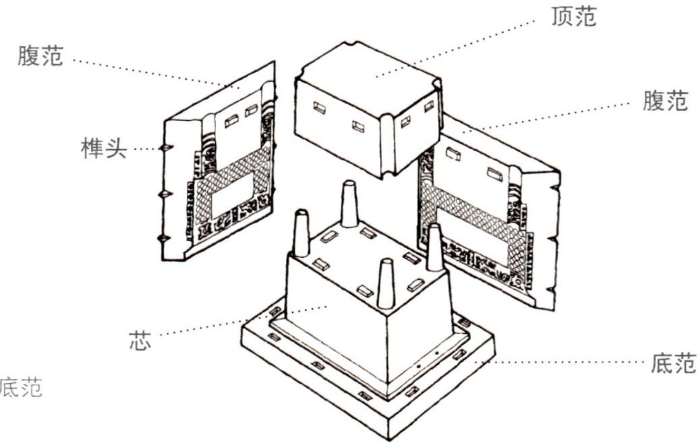

司母辛铜方鼎范与芯的组装示意图

内容拓展

早期炊煮实用器

河南新郑裴李岗遗址出土新石器时代乳钉纹红陶鼎

祭祀墓主用器

商代晚期司母辛铜方鼎

祭祀山川神灵用器

商代人面纹铜方鼎

祭祀祖先用器

西周中期青铜大克鼎

宴飨朋友用器

西周中期“十五年趞曹”鼎

身份、权力的象征

春秋中晚期“王子午”鼎

权力象征的盟祀用器

战国早期“服共盟祀”鼎

北宋徽宗复兴古礼的政和礼器

牛鼎

用作香具的鼎式炉

明永乐青花三足炉

宝鼎新制

民族团结宝鼎

【撰稿】舒丽丽

商代晚期 青铜面具

宽 60.5 厘米，高 40.3 厘米，前后长 30 厘米
四川广汉三星堆遗址 2 号祭祀坑出土
四川广汉三星堆博物馆藏

三星堆遗址出土青铜面具 20 余件，绝大部分出自 2 号祭祀坑。此面具整体铸造，方正厚重，给人视觉上的冷峻之感。出土时，口缝中尚涂有朱砂，可知原为朱唇。结合古人的神灵信仰，此类面具应具有特殊的宗教意义。三星堆遗址的时代相当于中原王朝的商周时期，是受中原青铜文明影响但又独具特色的地域文明。

背景资料

三星堆遗址 2 号祭祀坑

文物图解

用法

- 用手捧举作为舞蹈面具？
- 作为祭祀对象悬挂使用？
- 多件串起来当作图腾柱使用？
- 作为祭祀对象如铜质、泥质或木质偶像上的装饰物？

内容拓展

三星堆遗址出土商代面具类型

青铜头像戴金面罩

青铜兽面具

金面罩

青铜纵目面具

青铜立人像戴有面具

不同区域大致相近时期的面具、头像和人面纹

湖南宁乡出土商代“大禾”方鼎上的人面纹

江西新干大洋洲出土商代青铜头像

河南安阳殷墟出土商代青铜面具线图

陕西城固出土商代青铜面具

纵向拓展

湖南澧县宋家台遗址出土新石器时代陶面具

四川广汉三星堆遗址出土商代青铜面具

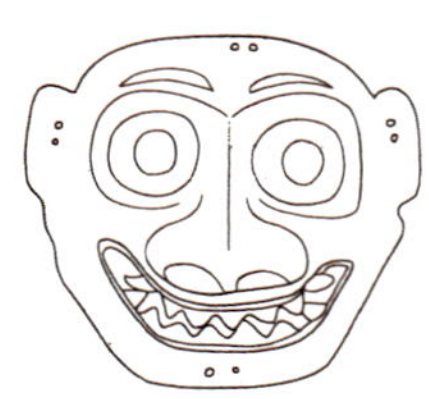

北京房山出土西周青铜面具线图

河南信阳楚墓出土的巫师画像头戴面具

湖南溆浦出土西汉滑石兽面具

湖南泸溪现代傩面具
用于民间信仰仪式活动

【撰稿】舒丽丽

西周晚期

『四十三年』逨鼎

高 45.6 厘米，口径 39.4 厘米，重 22 公斤
陕西眉县杨家村窖藏出土
宝鸡青铜器博物院藏

此鼎内壁铸 318 字铭文，记载了周宣王四十三年（前 784）六月中旬丁亥这一天，单逨因治理山林川泽，供应王室物产有功，被王册封为官司历人（监察官），还记载了王训导其如何施政的内容，是研究西周礼制与职官任命的重要实物资料，并且铭文中年、月、干支、月相俱全，也为研究西周历法提供了新线索。西周建立了一整套的礼乐制度，青铜器成为礼制的象征，按等级规定用鼎数量，青铜器上铭刻的长篇纪事铭文成为当时社会秩序的重要反映。

背景资料

陕西眉县杨家村窖藏出土青铜器共计27件，均有铭文，其中有著名的逨盘，多达350多字，是铜盘铭文中最长的一件。

逨盘

文物图解

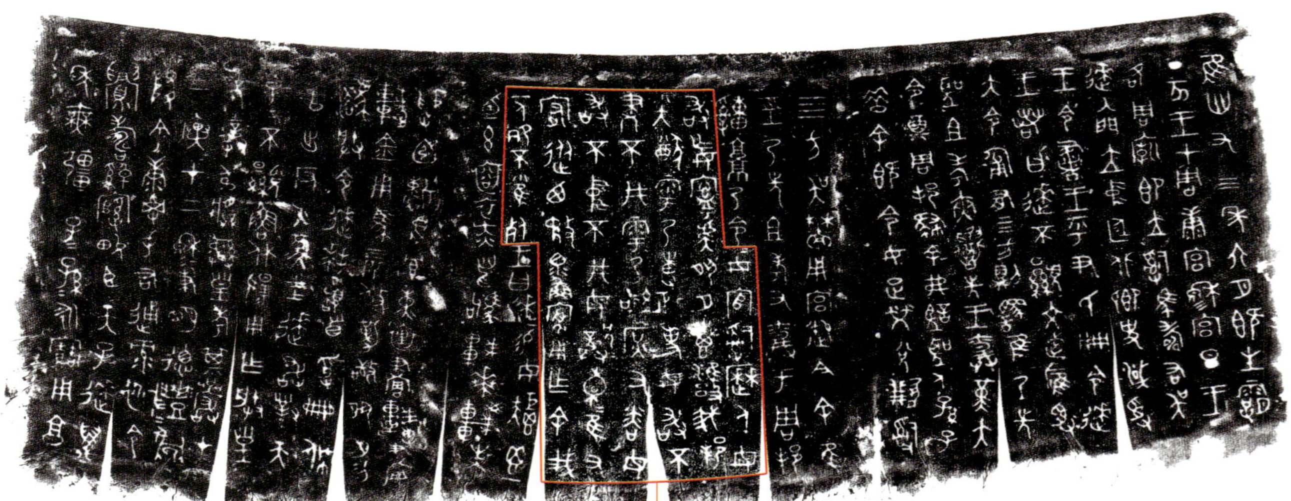

释文：

唯卌又三年六月既生霸丁亥，王在周康宫穆宫，旦，王各周庙，即立（位），司马寿右吴（虞）逨，入门，立中廷，北乡（向）。史減受王令（命）书，王乎（呼）尹氏册令（命）逨。王若曰：逨，不（丕）显文武，膺受大令（命），匍有四方，则繇，隹（唯）乃先圣且（祖）考，夹召先王，爵堇（勤）大令（命），奠周邦。肆余弗忘圣人孙子。昔余既令（命）女（汝）疋荣兑，兼𤔲（司）四方，吴（虞）、𥬣（林），用宫御。今余隹（唯）巠乃先且（祖）考，有爵于周邦，緟𦤎乃令（命），令（命）女（汝）官𤔲（司）历人，毋敢妄宁，虔夙夕，叀（惠）雍我邦小大猷。雩乃専政事，毋敢不妻不井（型）；雩乃讯庶又粦，毋敢不中不井（型），毋龏橐，龏橐，隹（唯）又宥从（纵），迺敄（侮）鳏寡，用作余我一人咎，不小隹死。王曰：逨，易（赐）女（汝）矩鬯一卣、玄衮衣、赤舄、驹车、贲较、朱虢、𨱆靳、虎冟熏里、画转画辖、金甬、马四匹、攸勒。敬夙夕勿废朕令（命）。逨拜稽首，受册佩以出，反入堇圭。逨敢对天子不（丕）显鲁休扬，用作朕皇考龏弔（叔）䵼彝。皇考其严在上，廙（翼）在下，穆秉明德，丰丰䲨䲨，降余康龢屯又通录，永令（命），眉寿绰绾，畯臣天子。逨万年无疆，子子孙孙永宝用享。

周宣王训诫单逨担任监察官的四大原则

一　要兢兢业业、恪尽职守，不能贪图享乐

二　要以身作则，带头遵守各项规章制度，依法行政，秉公执法，不要欺侮那些无依无靠的百姓

三　审理案件要明辨是非，公平公正

四　要廉洁自律，不要中饱私囊、贪污受贿

陕西眉县杨家村窖藏出土逨鼎

名称	通高（厘米）	口径（厘米）	重量（公斤）
四十二年逨鼎	57.8	48.6	46
	51	43.5	35.5
四十三年逨鼎	58.5	49.7	46
	53.3	46	33.5
	48.8	43.8	29.5
	45.6	39.4	22
	35.8	31.6	12
	32.4	30.5	10
	27.6	26.5	6.5
	27.1	26.5	7.3
	24.7	23.9	4.3
	22.5	21.5	3.9

"四十二年" "四十三年" 逨鼎集体照

内容拓展

周代用鼎制度及其延续

周代礼书所见不同等级贵族可用鼎实

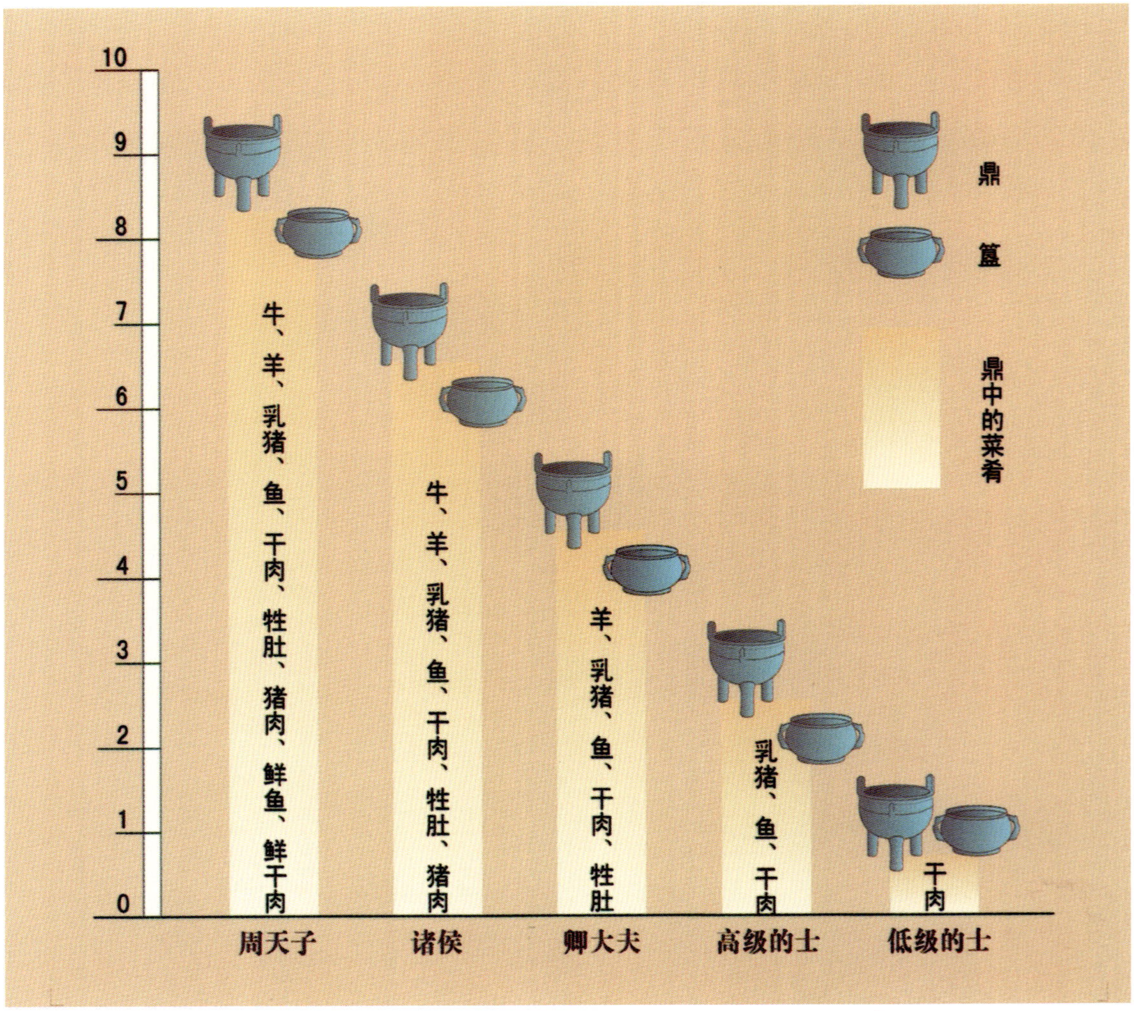

10件四十三年逑鼎是否僭越西周礼制？多数观点认为该套鼎分为牢鼎（正鼎）和陪鼎，恰好符合单逑的级别只能用五牢鼎。

僭用天子九鼎的春秋中晚期郑国祭祀礼器

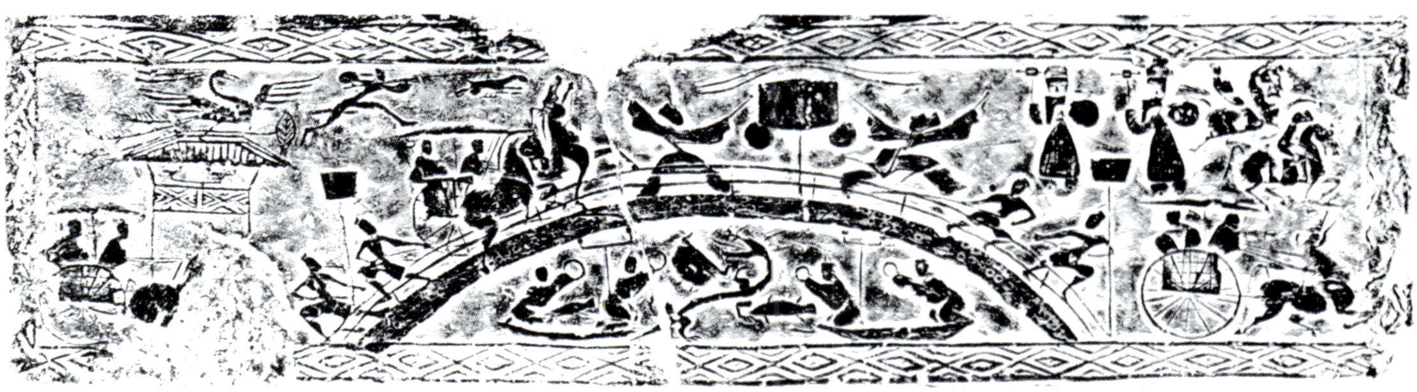

东汉泗水捞鼎画像砖拓片

为表明政权的正统与昭示祥瑞，秦始皇泗水捞鼎。之后，九鼎不见于世。

“四十三年”逨鼎铭文记录了我国最早的监察官及其从政准则

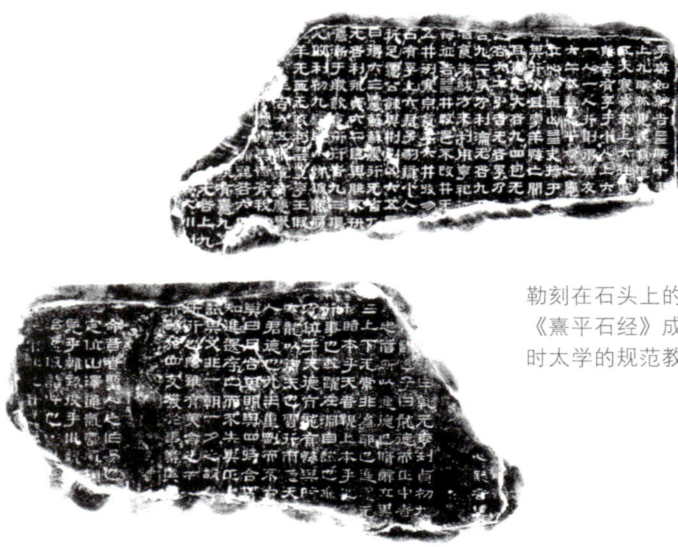

勒刻在石头上的东汉《熹平石经》成为当时太学的规范教科书

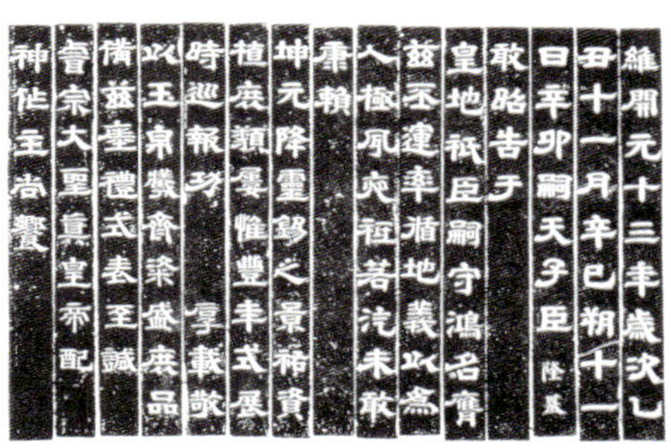

唐玄宗封禅泰山，铭刻玉册，祭祀上天

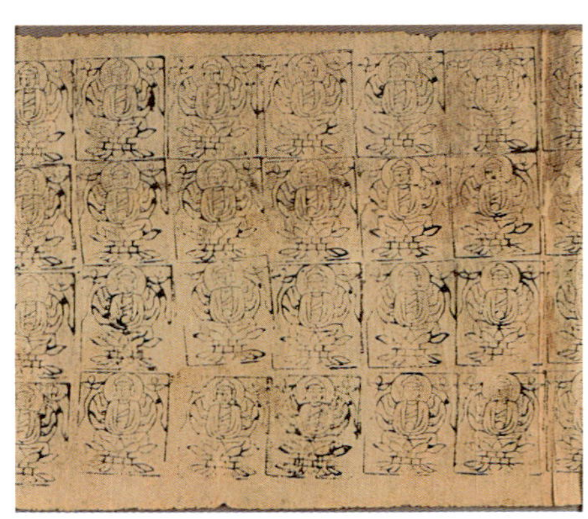

敦煌遗书木捺佛像，即在木板上雕刻图案，也即唐代所称“模勒”。2009年，自唐代流传至今的雕版印刷技艺入选“人类非物质文化遗产代表作名录”。

【撰稿】舒丽丽

叁

文明奠基

东周时期，各地诸侯为了称霸争雄，纷纷变法图强。百家争鸣，既是人性的觉醒，也是文明的奠基。区域统一的实现与区域文化的形成，客观上推动了区域文化的整合和华夏的认同，为大一统的到来提供了条件。

战国早期

曾侯乙铜鉴缶

通高 63.2 厘米，边长 62.8 厘米 ×63.4 厘米，重 170 公斤
1978 年湖北随州擂鼓墩曾侯乙墓出土
湖北省博物馆藏

铜鉴缶由鉴、缶组合而成，缶置于鉴内。放置时，鉴底部有三个弯钩套合缶底的方孔，其中一个有活动倒栓，插入自动落下，固定方缶。鉴、缶、勺均刻有“曾侯乙作持用终”铭文。使用时，用缶盛酒，鉴缶之间的空隙盛冰或热水，用以冰酒或温酒。《周礼》载“祭祀共冰鉴”，此鉴缶应该就是“冰鉴”。春秋战国时期是青铜文化的第二个鼎盛发展时期，作为国之重器的青铜器在设计巧思、铸造工艺、装饰图案、功能等方面体现出厚重的匠人精神。

背景资料

曾侯乙墓出土各类文物共15000余件，其中有青铜器6239件，包括著名的曾侯乙编钟、尊盘、鉴缶等。

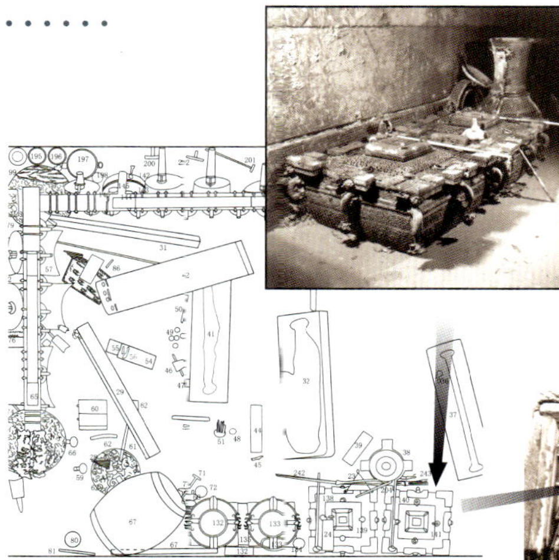

右图中室

铜鉴缶出土情况

文物图解

铭　文

释文：曾侯乙作持用终

据考古发现所见曾侯世系

西周早期	西周中期	西周晚期	春秋早期	春秋中期	春秋晚期	战国早期	战国中期
曾侯谏 曾侯犺		曾侯羊伯	曾伯陭	曾侯宝 曾穆侯 曾侯昃	曾侯舆 曾侯戉	曾侯乙 曾侯丙	擂鼓墩2号墓主

纹饰繁复

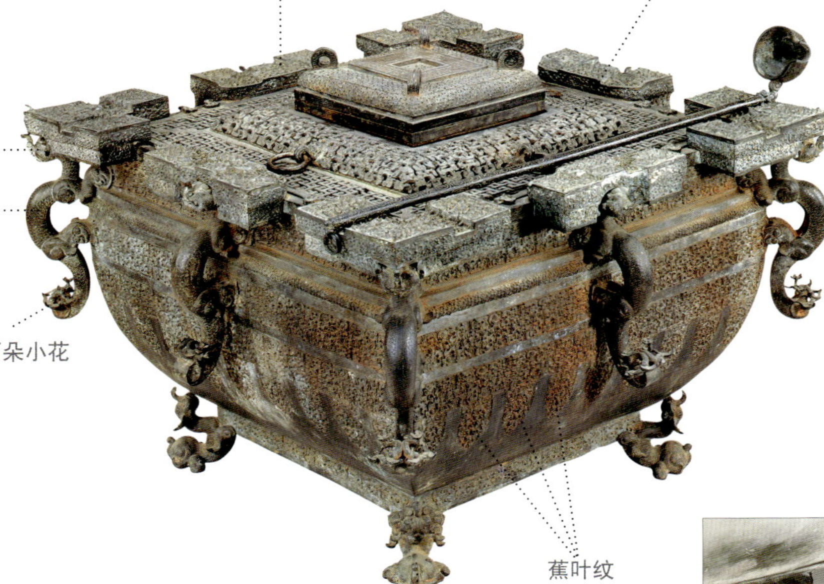

龙头向外伸张，兽身的后肢匍匐蹬地

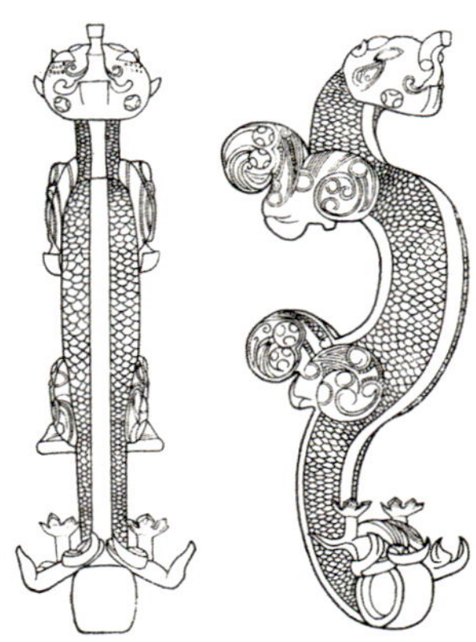

设计奇巧

耳
（可用于抬放鉴）
鉴盖
（中空，刚好露出缶盖，当灌酒、挹酒时，只需打开缶盖）
系
（可用于抬放缶）
鉴盖捉手
（便于提拿）
流
铜勺
（用于挹酒）
钮
（可用于翻置缶盖，既可起支撑作用，又可保障清洁卫生）

盛酒
盛冰或热水
起支撑作用，同时隔离地面用以减少热量传递

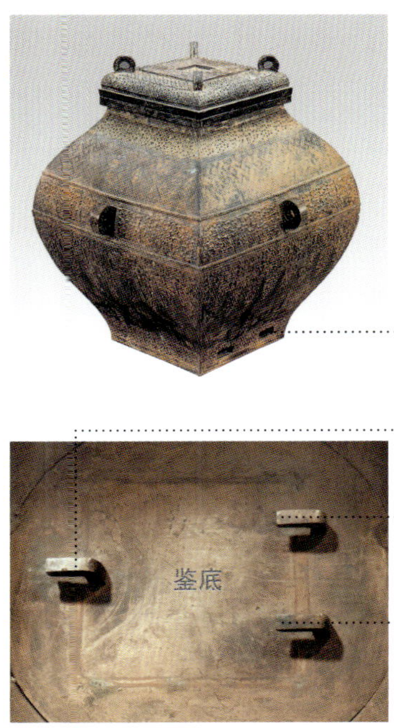
方孔
活动钩栓
鉴底
钩栓
固定缶，防止晃动，其中一个栓钩有活动倒栓，插入后自动落下

可冰酒或温酒的曾侯乙铜鉴缶

2002 年湖北枣阳九连墩楚墓出土青铜鉴缶，应是用作温酒器或冰酒器

用火加热的酒器——六朝铜鐎斗

五代《韩熙载夜宴图》里的酒器——温碗、注壶

河南禹州白沙宋墓壁画中的温碗、注子

辽代张世卿墓壁画上的白色温碗、执壶

山西平定金墓壁画所绘装满酒坛的斗箱中似放置了冰块

清代温酒壶（内有一小壶）

【撰稿】舒丽丽

战国中期

商鞅方升

高 2.32 厘米，通长 18.7 厘米，容积 202.15 毫升
上海博物馆藏

该器为长方形有柄量器。器壁三面及底部均刻铭文，记载此升是秦孝公十八年（前 344），商鞅任“大良造”统一度量衡时督造的标准量器。底部加刻秦始皇二十六年（前 221）统一度量衡的诏书，证明秦始皇统一中国后，仍以商鞅所规定的制度和标准统一全国的度量衡。这是目前所见最早的“以度审容”的国家级标准量器实物，是中国度量衡历史上标志性器物。

商鞅方升铭文

四处铭文记录了秦国变法、六国一统的历程，是秦统一六国后所造量器的标准器具。该升商鞅变法时存放于“重泉”（今陕西蒲城），秦始皇统一中国后转存至“临”地。

此两处铭文为前 344 年所刻

释文：重泉

此两处铭文为前 221 年所刻

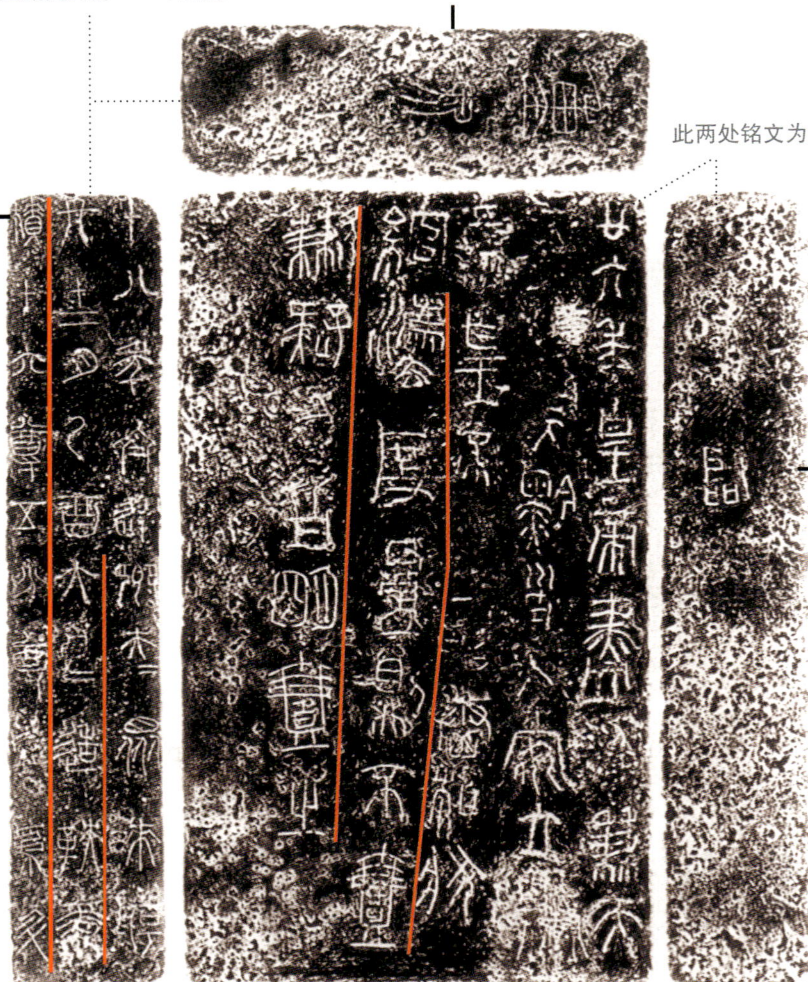

释文：十八年，齐率卿大夫众来聘。冬十二月乙酉，大良造鞅，爰积十六尊(寸)五分尊(寸)壹为升。

大良造（官职）商鞅造标准量器「升」，规定以十六又五分之一立方寸的容积为一升。

释文：临

释文：廿六年，皇帝尽并兼天下诸侯，黔首大安，立号为皇帝。乃诏丞相状绾，法度量则不壹，歉疑者皆明壹之

规范度量衡，凡是不一致的都加以统一，凡是不清楚的都予以明确。

中国古代主要标准量器表

度量衡制度对规范商品交换、维护社会稳定、保证国家权力等均具有重要意义。因此，历朝历代统治者都极为重视度量衡统一。

名称	时代	铭文	来源	收藏单位	图片
商鞅铜方升	战国	十八年,齐率卿大夫众来聘，冬十二月乙酉,大良造鞅，爰积十六尊(寸)五分尊(寸)壹为升。		上海博物馆	
始皇诏铜方升	秦	铭文：秦始皇二十六年诏书		上海博物馆	
"上林共府"铜升	西汉	上林共府。初元三年受琅邪。容一升，重斤二两，工师骏造。		天津博物馆	
新莽铜嘉量	西汉	律嘉量斛，方尺而圆其外，庣旁九厘五毫，冥百六十二寸，深尺。积千六百二十寸，容十斗。 律嘉量斗，方尺而圆其外，庣旁九厘五毫，冥百六十二寸，深寸。积百六十二寸，容十升。 律嘉量升，方二寸而圆其外,庣旁一厘九毫，冥六百四十八分，深二寸五分，积万六千二百分，容十合。 律嘉量合，方寸而圆其外，庣旁九毫，冥百六十二分，深寸，积千六百二十分，容二龠。 律嘉量龠，方寸而圆其外，庣旁九毫，冥百六十二分，深五分，积八百一十分，容如黄钟。		台北"故宫博物院"	
元初大司农铜斗	东汉	大司农平斗，元初三年二月造。		上海博物馆	
晋寿铜釜	北朝	晋寿次百七，容一升。		中国国家博物馆	
银酒具	唐	宣徽酒坊。咸通十三年六月二十日别敕造七升地字号酒注壹枚，重壹百两。	1979年陕西西安西郊出土	陕西历史博物馆	
成化兵子铜斗	明	成化兵子造。		中国国家博物馆	
乾隆铜嘉量	清	御制嘉量，方圆各一，范铜涂金，列之殿廷。其上为斛、其下为斗，左耳为升，右耳为合龠，其重二均，声中黄钟之宫。亲为之铭，并刻方圆度数于其上，备清汉文。		故宫博物院	

【撰稿】喻燕姣

战国中期 彩绘猪形漆酒具盒

通长 64.2 厘米，宽 24 厘米，高 28.6 厘米
2000 年湖北荆州天星观 2 号墓出土
荆州博物馆藏

楚人基于对出游的爱好而特制了便于携行的酒具盒，常见于高等级楚墓之中。此盒由盖、身两部分雕制而成。全器为双首共身的猪形，两端雕成猪头状，嘴、眼、眉、耳均惟妙惟肖，形态逼真，是传说中双首神兽“并封”的形象。此盒除造型奇特外，其彩绘也体现出楚人特有的浪漫情怀和世俗情致，双猪连体处以夸张手法展现龙、凤等诡奇的虚幻世界，猪首空白处以写实手法描绘贵族狩猎、宴乐等现实的生活场景。楚人这种高超的制漆技艺和奇妙的巧工匠心，说明漆彩华夏的黄金时代已经到来。

背景资料

天星观 2 号墓

天星观 2 号墓属典型的楚国高等级贵族墓，虽两次被盗，仍出土 1430 件随葬器物，所出 387 件铜器中礼器有 81 件，为出土礼器数量最多的楚墓之一。出土漆木竹器 180 件，尤以彩绘猪形漆酒具盒、神树、羽人等木雕漆器最具特色，这些都显示出墓主身份的尊贵。

天星观 2 号墓棺、椁出土情况

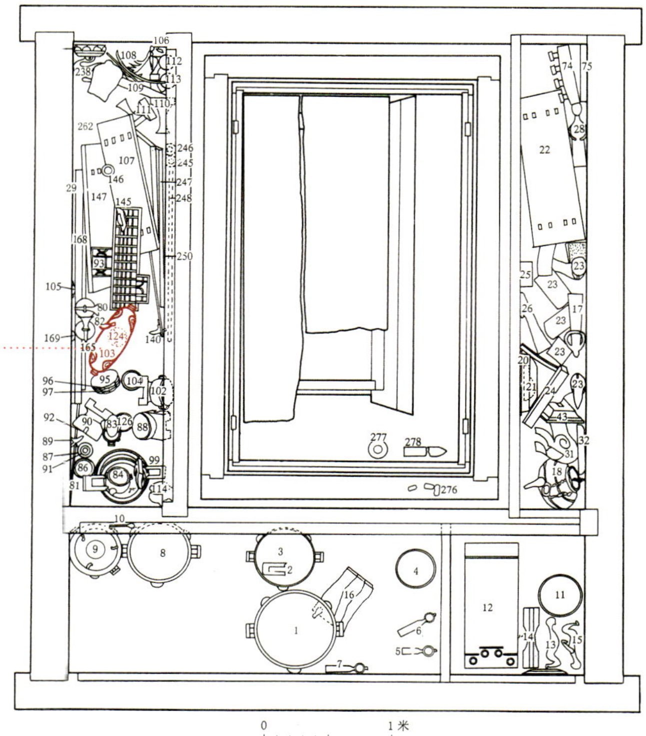

彩绘猪形漆酒具盒出土位置

文物图解

纹饰布局

此盒内髹红漆，外髹黑漆为地，用红、黄、灰、棕红等色彩绘花纹。主体纹饰为四条龙纹，纹饰规整。空白处彩绘四幅狩猎、宴乐连环画，构图生动。

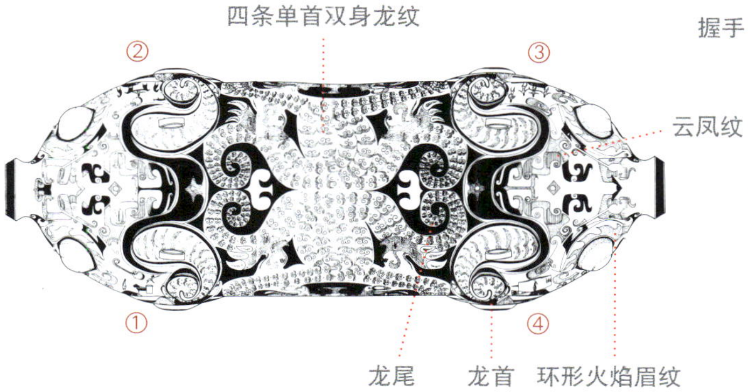

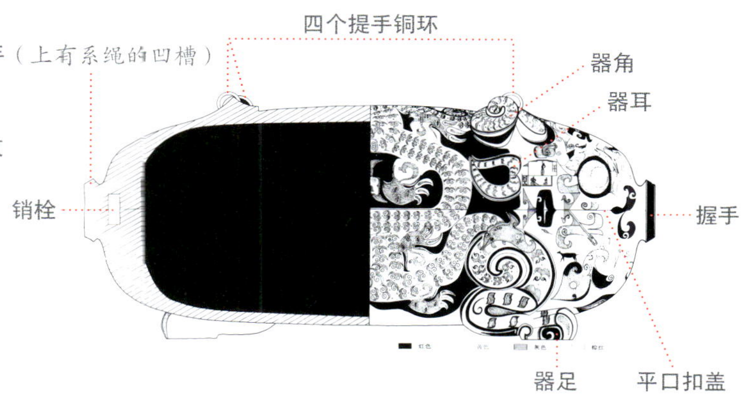

①备猎与狩猎图

预示着狩猎活动刚刚开始

②狩猎图

描绘了惊险刺激的狩猎过程

③获猎图

表现了狩猎者抬着猎物载歌载舞而归的热闹场面

④宴乐图

反映了楚国贵族狩猎归来后琴笙和鸣的宴乐场面

制作工艺与装饰艺术

东周漆工艺出现了跨时代的进步，造型由严正而奇巧，纹饰由程式而灵动，各种彩绘、雕镂、镶嵌等新工艺不断涌现，代表了先秦漆器制作的工艺水平，是形成漆器工艺体系的主要源头。

❖ 色　彩

楚漆器具有尚赤的鲜明主调。红色成了华夏民族的喜庆色彩，延绵数千年。

彩绘猪形漆酒具盒线描图
湖北荆州天星观2号墓出土

北魏彩绘人物故事图漆屏风（部分）
山西大同北魏司马金龙墓出土

清代红漆描金人物故事纹果盒
湖南省博物馆藏

❖ 漆绘与雕刻

漆绘与雕刻相结合，相得益彰。

彩绘木雕龙凤纹漆盖豆
湖北随县曾侯乙墓出土

彩绘木雕凤鸟纹漆座屏
湖北江陵望山1号楚墓出土

竹雕龙纹漆勺
湖南长沙马王堆1号汉墓出土

❖ 构　图

连环画是人们喜闻乐见的文学艺术形式，其渊源可追溯到楚漆器彩绘连环画。

彩绘人物车马出行图漆奁及展开图
湖北荆门包山2号楚墓出土

锥画狩猎纹漆奁线描图
湖南长沙马王堆3号墓出土

彩绘狩猎纹漆盘线描图
安徽马鞍山三国吴朱然墓出土

五代《韩熙载夜宴图》
描绘韩熙载夜宴场景的连环画

明清《汉宫春晓图》
描绘汉代宫闱日常生活场景的连环画

现代连环画

❖ 纹 饰

狩猎是战国时期流行的主题，当时狩猎活动有较量武功的军事目的。狩猎图最早可追溯至春秋战国之交的青铜器，它在战国兴盛一时。狩猎图又频频出现在汉代图像中，与祥瑞题材相联系，迎合了汉代贵族审美品味。

彩绘狩猎纹漆樽展开图
湖南长沙颜家岭35号楚墓出土

水陆攻战纹铜壶线描图
陕西凤翔雍城遗址出土

金银错铜管及其狩猎纹展开图
河北定县三盘山122号西汉墓出土

内容拓展

巧心设计

此类便携式漆盒常设有伸出的握手(上有系绳的凹槽)、提携的铜环、固定的销栓，这些巧妙的细节设计表明此类器具兼具居家、旅行的双重功用，足见当时漆器制作工艺极为考究。

便携式双兽首酒具盒
湖北荆门包山2号楚墓出土

云纹漆具杯盒
湖南长沙马王堆1号汉墓出土

唐代鎏金壶门座银波罗子
陕西扶风法门寺出土

明代空白期青花瓷罐食具盒图

“并封”的故事

“并封”为古代传说中的双头神兽，《山海经·海外西经》载：“并封在巫咸东，其状如彘，前后皆有首，黑。”它是雌雄同体、牝牡相合的神兽，且多以猪的形象为主。

《山海经》中“并封”形象

彩绘猪形漆酒具盒
湖北荆州楚墓出土

【撰稿】聂菲

肆

天下一统

秦合六国，建立了第一个统一的中央集权制王朝；汉承秦制，开创了中国古代第一个强盛王朝。大量精美器具的材质、造型、纹饰，都是当时人们精神文明与物质文明成就的体现。“丝绸之路”又把大汉文明远播亚欧各地。

秦代

里耶简牍

长 22 厘米，宽 4.5 厘米
2002 年湖南龙山里耶古城遗址出土
湖南省文物考古研究所藏

里耶秦简为秦王政二十五年（前 222）至秦二世元年（前 208）洞庭郡迁陵县的政府档案，内容有户籍、赋税、土地、徭役、仓储、兵甲、道路、邮驿、司法、刑徒等，证实了中央各项统一政令通过郡县制和邮驿系统在全国各地得到行之有效的实施。秦朝结束了春秋战国以来五百年来诸侯分裂局面，成为中国历史上第一个多民族共融的中央集权制国家，奠定中国两千余年政治制度基本格局，故有“百代皆行秦政制”之称。

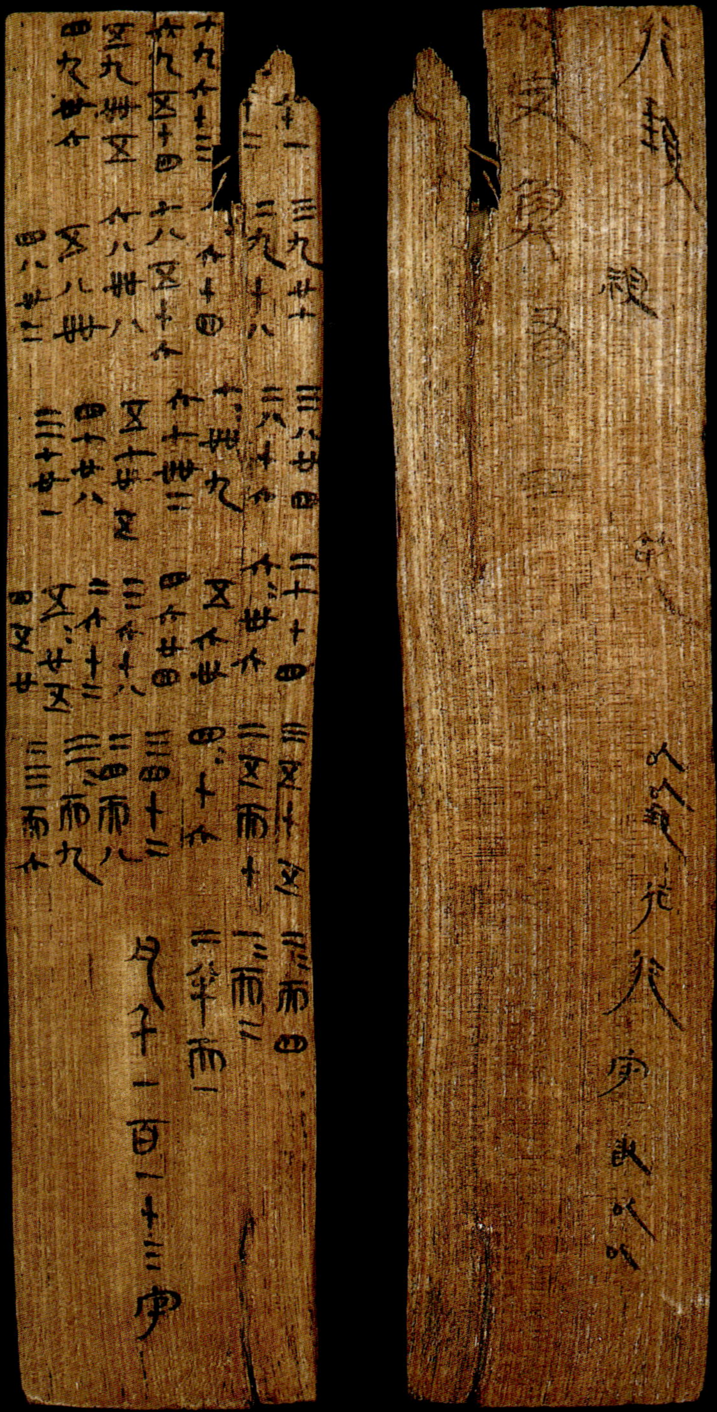

背景资料

里耶古城曾是楚国西南重要的军事城堡，秦时沿用为洞庭郡迁陵县县治。37000余枚秦简出土于一号古井。井口呈方形，非常少见，上有井亭，旁有取水井道和散水沟。

里耶古城一号古井

文物图解

释文：

（九九）八十一
（八九七）十二
七九六十三
六九五十四
五九卌五
四九卅六

三九廿七
二九十八
（八八）六十四
七八五十六
六八卌八
五八卌
四八卅二

三八廿四
二八十六
七七卌九
六七卌二
五七卅五
四七廿八
三七廿一

二七十四
六六卅六
五六卅
四六廿四
三六十八
二六十二
五五廿五
四五廿

三五十五
二五而十
四四十六
三四十二
二四而八
三三而九
二三而六

二二而四
一一而二
二半而一
凡千一百一十三字

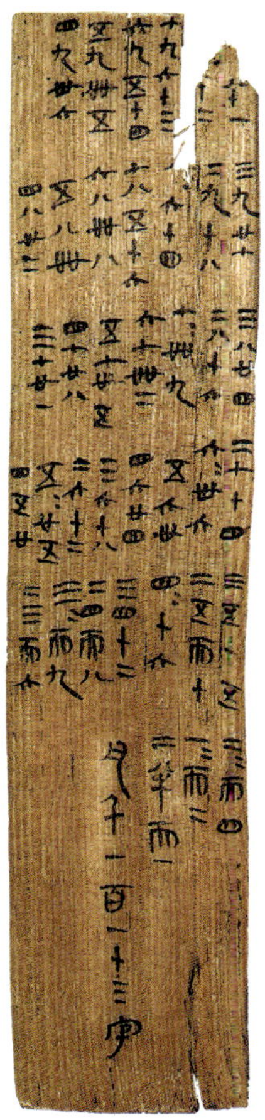

“九九表”秦简

这是目前我国发现最早、最完整的乘法口诀表实物，它说明早在秦时中国人就已经熟练掌握乘法交换律，并把它用于社会生活所需的各种计数中。

内容拓展

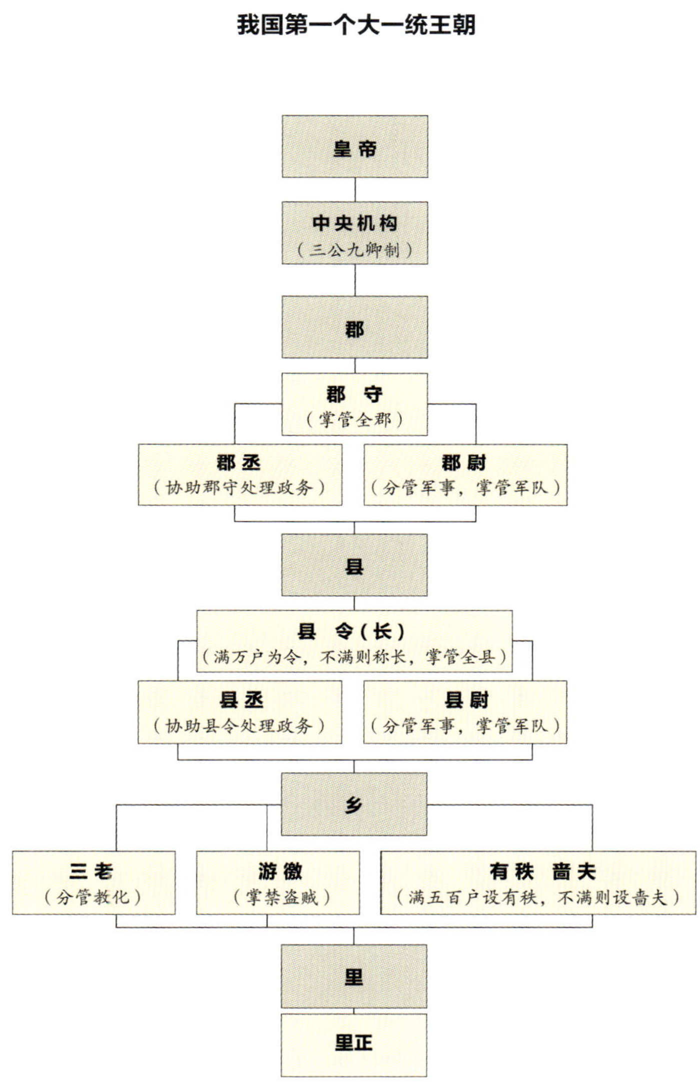

自上而下的政治管理体系
（据史书与里耶秦简制作）

公元前221年，秦王政称“皇帝”，中央设三公九卿，管理国家大事；地方上废除分封制代以郡县制；实行书同文、车同轨，统一度量衡，奠定中国大一统王朝的统治基础。

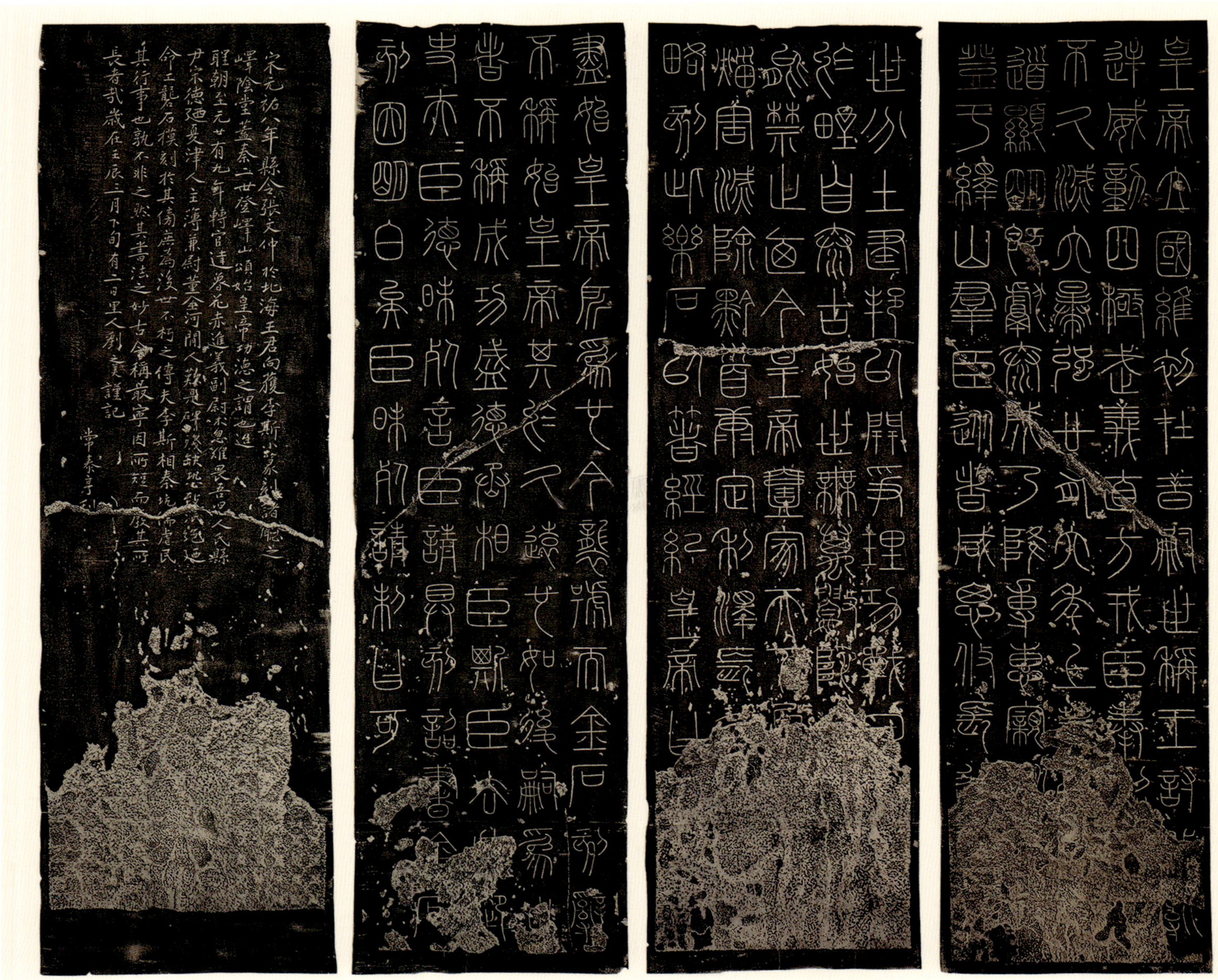

《峄山刻石》拓片

《峄山刻石》为秦始皇出巡山东登峄山时所立，李斯用小篆体撰文并刻石立碑纪念。始皇以秦国小篆统一全国文字，是中国历史上第一次文字改革，对保证全国政令统一和中国文化的传承发展具有重要作用。

【撰稿】王树金

西汉 T形帛画

通长 205 厘米，顶端宽 92 厘米，末端宽 47.7 厘米
1972 年湖南长沙马王堆 1 号墓出土
湖南省博物馆藏

此为葬仪中用的旌幡，时称“非衣”。其主题思想，一般认为是“引魂升天”，但也有人认为是“招魂以复魄”，使死者安土。帛画自上而下可分为天上、人间、大地三部分。天上部分绘有人身蛇尾神、金乌、蟾蜍和玉兔、奔月的嫦娥等天界仙境的神话传说。人间部分绘有墓主人辛追在三位侍女的陪同下，缓缓飞升不死仙境，她的家人在祈求死者灵魂升天的祭祀场面；大地部分画着怪人乘鱼和神禽异兽。帛画以有序的层次展示了人们观念中的宇宙图景，描绘了宇宙背景下的死亡现象，也寄托了重生的愿望，表达了人们相信灵魂不灭、人死灵魂可以升入不死仙境的观念。整幅帛画把神话、想象和现实完美地统一起来，用浪漫的手法表现了古人对天国的想象和永生的追求，是汉代思想艺术之精品。

丧葬铭旌的流变

楚汉墓葬使用的随葬帛画，从放在椁盖上到放在棺盖上，从方形到T形再到长条形，从突出人物本身到放大人物背景，从表现墓主形象到代以墓主姓名，经历了各种变化。这类帛画既可能是铭旌的前身，也可能是墓中壁画的源头。

战国《人物龙凤帛画》
湖南长沙陈家大山楚墓出土

西汉T形帛画（自名“非衣”）
湖南长沙马王堆1号汉墓出土

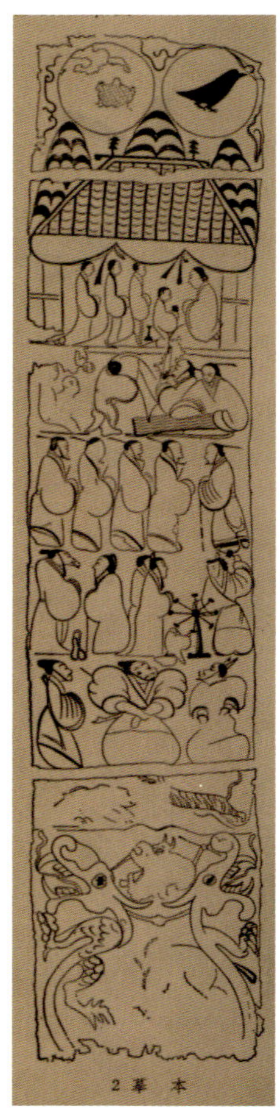

西汉金雀山帛画
山东临沂金雀山汉墓出土

西汉彩绘墨书铭旌（自名“柩”）
甘肃武威磨嘴子23号汉墓出土

古代人物肖像画的源流

“肖像画”，原是西方绘画术语，中国古代绘画称其为“写照”“写真”或“传神”。中国早期肖像画用线条表现人物的体态神情，成功地塑造侧面人物肖像，长沙马王堆汉墓帛画墓主肖像画承前启后。唐代沿袭了这一传统，用墨笔勾画突显人物个性，注重细节写真，奠定了人物画神韵突出的特征。宋元明清肖像画经过画师们的不断创新，不囿旧制，更加趋于成熟、完善。

战国《人物御龙帛画》墓主像

湖南长沙子弹库楚墓出土

西汉T形帛画（局部）墓主像

湖南长沙马王堆3号汉墓出土

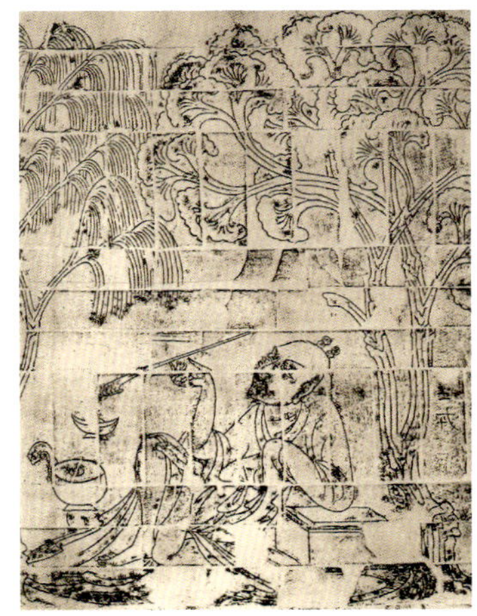

魏晋《竹林七贤》砖画（局部）王戎像

江苏南京西善桥南朝墓出土

唐代《步辇图》（局部）唐太宗像

故宫博物院藏

唐代《虢国夫人游春图》（局部）虢国夫人像

辽宁省博物馆藏

五代《韩熙载夜宴图》（局部）韩熙载像

故宫博物院藏

【撰稿】郑曙斌

东汉

错银牛形铜灯

通高 46.2 厘米，牛身长 36.4 厘米
1980 年江苏扬州邗江甘泉 2 号墓出土
南京博物院藏

牛形铜灯与早期铜灯相比，设计更为合理，制作更为精美。除具有一般铜灯的烟尘导管装置外，圆形灯盘上可推移开合的灯罩已由原来的封闭型变成镂孔透光型，能更好地起到散热、挡风和调光的作用。通体遍饰精细的龙、凤、虎、鹿以及各种神禽异兽等错银图案，线条流畅飘逸，工艺相当精湛，是汉代众多青铜灯具中实用与艺术完美结合的上乘之作。这类象生形灯具在汉代十分流行，巧妙利用形体本身的有机部分作为导烟管，如人的手臂，牛的双角，凤、雁的颈等，反映出汉代人为防止燃油灯对室内造成污染的环保意识。

内容拓展

油灯的改进

油灯的燃油主要是动物油（如羊油、牛油、鲸油和猪油等），也用植物油（如麻籽油、油菜籽油、棉籽油、桐油等）。汉代的油灯因多采用动物油脂作为燃料，通常使用带有导烟管的烛盘灯和放置灯芯的烛钎灯。以黄蜡为原料的蜡烛在魏晋时期的流行导致管形烛灯的产生，以白蜡为原料的蜡烛在明代大量使用促使烛钎灯演变成了高钎烛灯。

豆形铜灯

油灯若无固定灯芯装置，燃烧面积较大，燃烧速度较快，阻挡了空气和油脂中的碳充分接触，没有和氧结合的碳漂浮在空气中产生大量黑烟，导致空气污染，光线昏暗。

西汉豆形铜灯
江西南昌海昏侯墓出土

烛钎铜灯

烛钎灯利用灯芯来控制火焰大小和减缓燃烧速度，减少黑烟，延长照明时间，火焰也能更趋于稳定与明亮。

西汉豆形烛钎铜灯
湖南长沙汤家岭出土

环保釭灯

釭灯引入导烟管，将烟导入中空或贮有清水的体腔内，起到了净化空气的作用，也使油脂能充分燃烧。

西汉长信宫灯
河北满城窦绾墓出土

❖ 汉代造型各异的油灯

西汉“刺庙”牛形铜灯
湖南长沙桂花园出土

西汉凤形铜灯
广西合浦出土

西汉铜行灯
湖南长沙树木岭出土

西汉鎏金鹿形铜灯
江苏盱眙大云山出土

东汉十三盏连枝铜灯
甘肃武威出土

东汉人形铜吊灯
1974 年湖南长沙收集

东汉七人奏乐铜吊灯
湖南长沙五里牌出土

【撰稿】郑曙斌

汉晋 「金池凤」锦袋

长 11.5 厘米，宽 11.2 厘米
1995 年新疆民丰尼雅遗址墓葬出土
新疆维吾尔自治区博物馆藏

此袋以锦为面，白绢为里，中心部位开一圆形小口，上缝红绢作圆筒状，并有两条绿色编织丝带，用于捆扎。据专家推测作香囊之用。新疆尼雅、吐鲁番等地丝绸之路沿线发掘出的大量汉晋时期的织锦，见证了这一时期丝绸之路上中西文化交流的繁荣，寓意吉祥的各类祥瑞纹样与文字，彰显了人们对美好生活的向往与追求。

背景资料

尼雅遗址是汉晋时期精绝国故址，被称为东方“庞贝城”，地处丝路交通必经之地，大量出土遗物不仅体现了浓郁的地域文化特色，更为今人了解汉晋时期丝绸之路、东西文化交流提供了翔实的资料。

尼雅遗址

文物图解

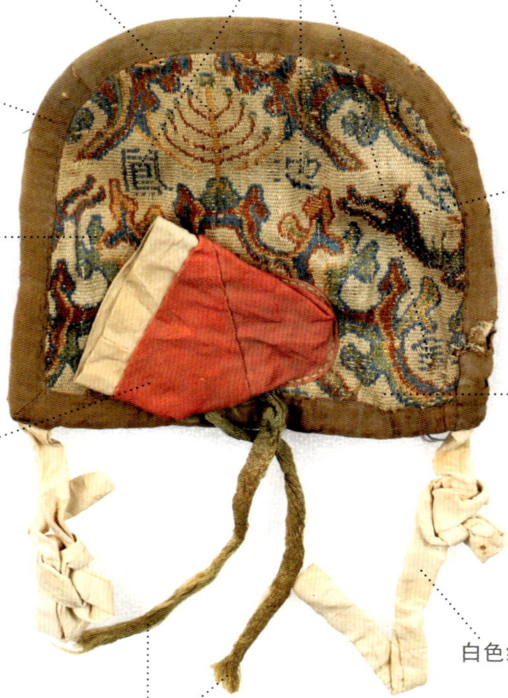

内容拓展

新疆地区出土汉晋纺织品种类及生产地

这一时期中国纺织技术快速发展，绵、毛、丝质的衣物和锦袋一应俱全，绢、纱、罗、绮、锦中，又以“锦”的工艺最复杂、最珍贵。据专家考证，新疆地区出土的大批珍贵锦类丝织品多为巴蜀地区生产。

蓝地印花绵布

蓝地瑞兽纹锦梳篦袋

四川成都老官山西汉墓出土多综提花木织机模型

汉晋织锦上的吉祥语

新疆地区出土了大量以吉祥语为题材的织锦，文字被巧妙地列置于祥云、祥瑞花草、瑞兽、瑞禽之中，组成的图案纹样不仅意匠精美，更有祈佑祥瑞的寓意。

“五星出东方利中国”锦护膊

“大长乐明光承福受右（佑）”锦

“延年益寿长葆子孙”锦

【撰稿】王树金

伍

融合创新

南北朝时期，北方游牧民族内迁，中原衣冠相继南移，形成民族大融合局面，同时丝绸之路持续发挥作用，西方多元文化东传，南亚佛教东渐，为汉文化的发展注入新的元素和活力。这时期，政治上虽是南北分治，文化上却是相互融合。此时，青瓷器在南方迅速发展，逐步成为各阶层生活中不可或缺的新器物。

魏 晋

驿使图画像砖

长 35 厘米，宽 17 厘米，厚 5 厘米
1973 年甘肃嘉峪关魏晋墓 5 号壁画墓出土
甘肃省博物馆藏

砖面上绘一信使稳坐马上，脸上五官唯独没有嘴巴，意在表明昔日驿传信息需要保密。无名画师虽寥寥数笔，快马疾驰的形象跃然而生。古代为及时传达政令、军情，在交通要道上每隔一定距离设一驿站，在驿站可换马、换人，使公文一站站传递。驿使们不仅要风雨无阻、常年奔波在长达上千里的路上，更要坚守职业道德、保守秘密。

背景资料

嘉峪关在丝绸之路上的位置

嘉峪关是汉代以来“丝绸古道”的交通要冲，居万里长城的西端起点，素有“河西重镇”之称。

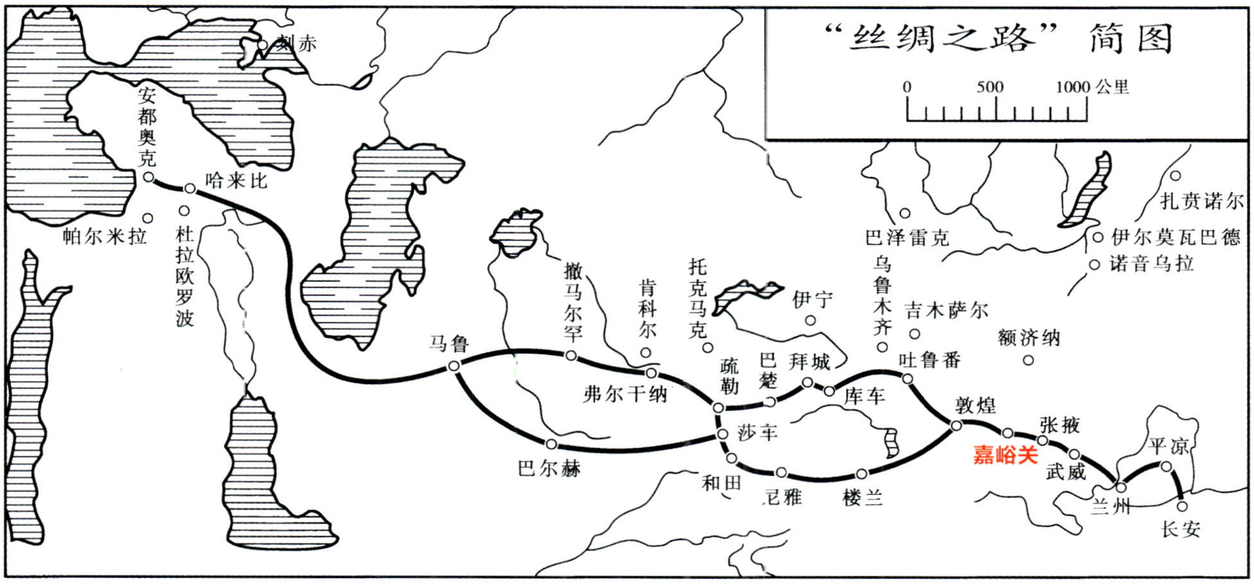

嘉峪关在丝绸之路上的位置图

嘉峪关魏晋壁画砖墓葬群

在嘉峪关市郊大漠上，散布着1400多座魏晋地下画像砖墓 被誉为“世界最大的地下画廊”，砖画内容包含农耕桑蚕、畜牧狩猎、庖厨宴饮、乐舞博弈等，为我们形象地展现了魏晋时期人们真实的社会生活。

耕种图

牧畜图

烤肉煮肉图

宴居图

文物图解

内容拓展

中国历代通信方式与保密措施的演变

商周汉唐：以邮亭、驿站通信为主，紧急文书轻车、快马、专使传送。快马接力传递一直是整个中国古代最快的通讯方式。重大文件以囊袋、木函或竹筒封装，加盖封泥印章。

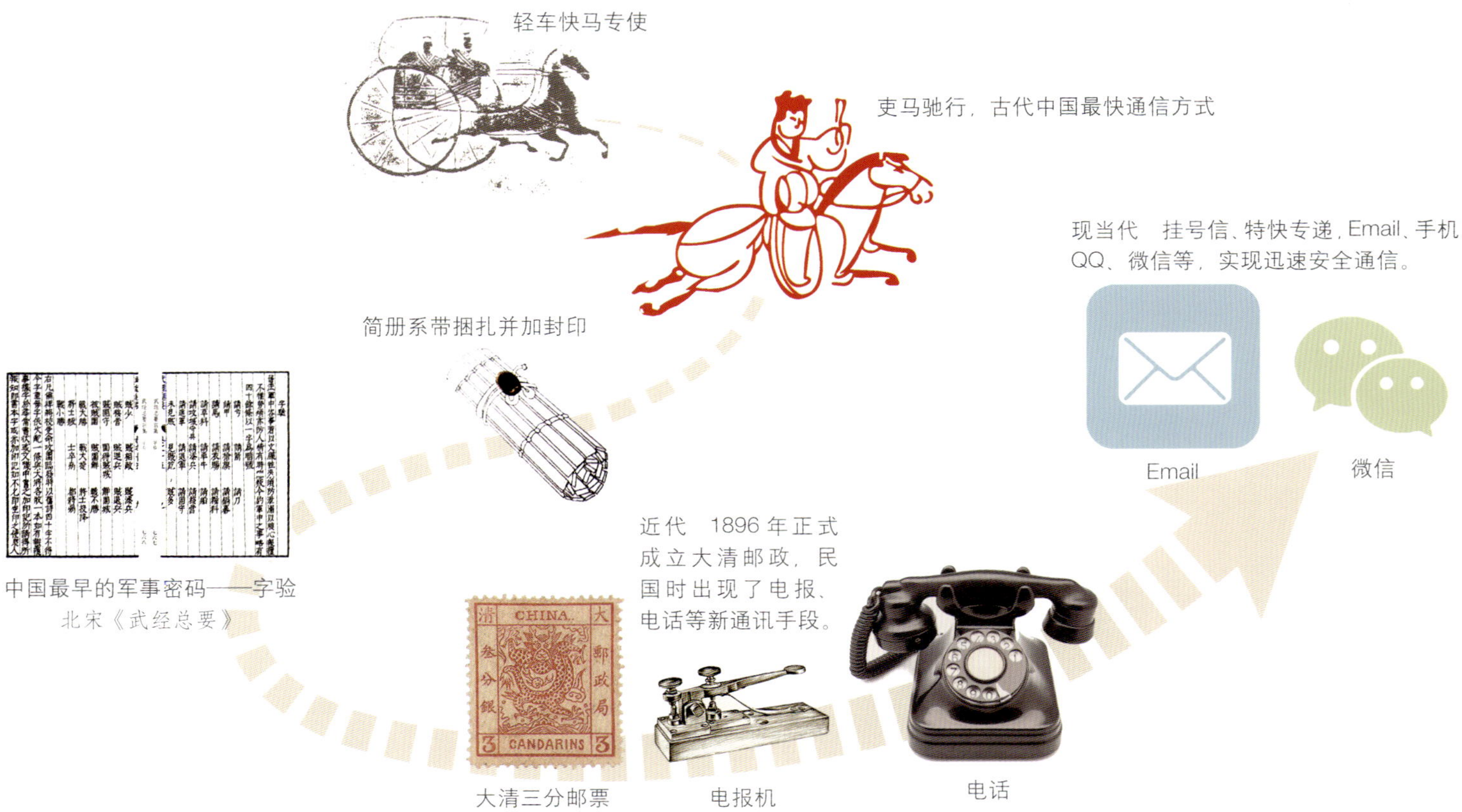

中国古代交通工具演变

石器时代　陆路徒步行走，水路借助独木舟、竹筏等。

浙江杭州跨湖桥新石器时代遗址出土独木舟（复制品）

商周—明清　多借助各种畜力，或骑马或乘车、辇、轿、船等，整体趋势为省力、快速、舒适。

东汉彩绘木轺车

东汉附鼓俑红陶船

魏晋驿使图画像砖

高铁

汽车

自行车

近现代　自行车、汽车、轮船、飞机、高铁等给人们出行带来巨大便捷。

【撰稿】王树金

六朝

青瓷莲花尊

通高 85 厘米，口径 21 厘米，最大腹围 129.5 厘米，足径 20.8 厘米
1972 年江苏南京东郊麒麟门外灵山梁墓出土
南京市博物馆藏

此墓出土了 2 件造型相同的莲花尊，是当前我国发现的六朝青瓷器中最大、最精美的一对。此件青瓷莲花尊通过分段拉坯成型，采用了贴塑、模印、刻划等多种装饰技法，造型端庄，纹饰华美，反映了南朝制瓷工艺的杰出成就。莲花尊是南北朝时期的特有产物，浓缩了大量佛教元素，多出土于高等级墓葬中，可能为上层贵族的礼佛用器。

文物图解

六朝青瓷莲花尊

内容拓展

贴塑技法的溯源与发展

三国吴和西晋时期流行在谷仓罐上贴塑莲花、佛像，南朝莲花尊的复杂造型可能源于这些早期的瓷器工艺和装饰传统，也为后世窑口贴塑技法提供了一定的技术渊源。

❖ 三国吴、西晋时期

人物阙楼谷仓罐
江苏南京吴天册元年（275）墓出土

❖ 南北朝时期

贴塑刻花莲花尊
河南鹤壁出土

❖ 隋唐时期

隋青釉贴花龙柄盘口壶
河北沧州出土

巩义窑三彩模印贴花三足炉

长沙窑青釉褐斑模印贴花椰枣狮纹壶

佛教装饰题材对瓷器的影响：莲花纹、忍冬纹成为装饰主流

❖ 莲花纹

南北朝时期，莲花纹装饰的应用已非常流行，大量出现莲瓣纹装饰的碗、盘、罐、灯等日用器。

洪州窑青釉刻划莲花纹盘

青釉莲花纹灯
山西太原北齐武平二年（571）徐显秀墓出土

❖ 忍冬纹

忍冬，即金银花。忍冬纹是一种变形植物花纹，构图以“S”形为基本骨架，在其两边分别生长出双叶或单叶。在瓷器装饰上以 3 个叶瓣和 1 个叶瓣互生于茎蔓两侧，常与莲瓣纹搭配作为主体纹饰。

青釉四系罐
河南濮阳北齐武平七年（576）李云墓出土

青釉刻花六系盖罐
江苏泰州出土

莲花尊的发展演变

莲花尊的主要纹样如飞天纹、莲花纹、忍冬纹、菩提纹都直接来自于佛教题材。从墓葬出土的青瓷莲花尊来看，其至晚于南朝中期开始在南方生产，后来影响到北方，当与南朝发达的制瓷工艺有关。

❖ 繁荣期：南北朝晚期（6 世纪早中期）

莲花纹为主要纹饰，技法上追求高浮雕效果。

莲花尊
河北景县北齐封氏墓出土

莲花尊
江苏南京灵山梁墓出土

莲花尊
湖北武昌（现武汉市江夏区）钵盂山 M392 出土

❖ 初创期：南北朝中期（5 世纪中晚期）

莲花纹和忍冬纹为主要纹饰，技法上以刻花为主，开始有浮雕。

莲花尊
湖北武昌齐永明三年（485）刘觊墓出土

❖ 衰退期：南北朝末期到隋初（6 世纪晚期到 7 世纪初）

莲花纹和其他纹饰并重，技法上不见高浮雕，更多采用模印贴塑。

莲花尊
山东淄博龙泉镇北朝晚期墓出土

【撰稿】郭三娟

北朝

翟门生石床屏风及石阙

总长约 236 厘米，宽约 131 厘米
深圳市金石艺术博物馆藏

翟门生石围屏床，共刻 75 位人物与飞天、化生佛、辟邪兽等，集儒家、佛教、道教、西域文化等为一体，是研究胡人汉化、中外文化交流的珍贵物证，充分体现了中华文明的开放、自信与包容。自汉代张骞通西域后，丝绸之路便成为古代世界上最重要的一条贸易往来和文化传播的通道。形色各异的商旅、使团、僧侣、艺人等频繁往来于丝路，创造了璀璨的丝路文明。

第 1 块：左侧石阙
高 52 厘米，宽 49 厘米，厚 13 厘米

第 2 块：右侧石阙
高 52 厘米，宽 49 厘米，厚 13 厘米

第 3 块：石围屏（左侧—正面）
长 106 厘米，宽 46 厘米，厚 12 厘米

第 4 块：石围屏（中左—正面）
长 106 厘米，宽 46 厘米，厚 12 厘米

第 5 块：石围屏（中右—正面）
长 106 厘米，宽 46 厘米，厚 12 厘米

第 6 块：石围屏（右侧—正面）
长 106 厘米，宽 46 厘米，厚 12 厘米

背景资料

翟门生与粟特人

据墓志记载，翟门生是不见史载的北魏时西域翟国胡人（粟特人），“本国萨甫”，负责商队的管理与教务，后以“使主”身份出使北魏，受到皇帝优待并留居都城，晚年卒于邺城。粟特人从汉至宋，以经商闻名，其从中国购买丝绸，从西域运进美玉、玛瑙、珍珠等珍宝获取高昂利润，基本控制了古代丝路贸易的命脉，先后建立了康、安、曹、石、米、何、史、穆、毕等绿洲城邦，统称“昭武九姓”。

粟特人还具有精通多种语言的交流技能，被汉人、突厥人、鲜卑人、吐谷浑人，聘作为外交特使。

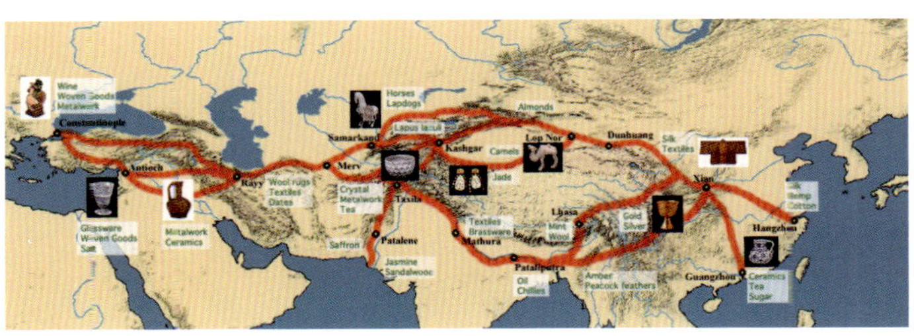

粟特人商贸示意图

唐章怀太子墓壁画《客使图》

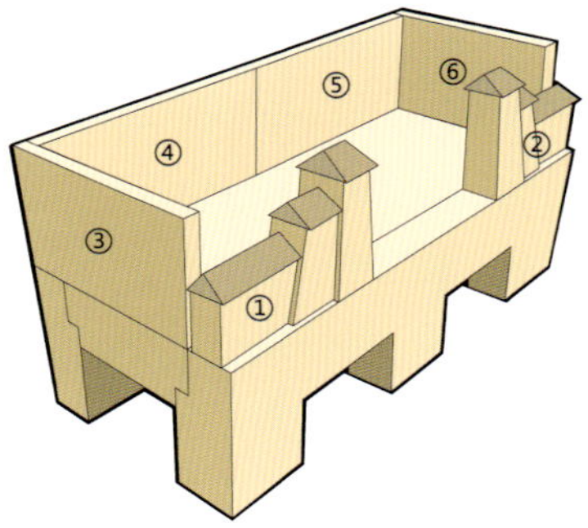

石阙左右各一，象征大门与围墙；围屏6块，正面12幅图以男女墓主人为中心，并辅以孝子图，呈对称布局；围屏背面12幅图为竹林七贤与荣启期高士图。画面整体展现了粟特人入华后认同并融入中原文化，使得图案呈现出东西方文化交融一体的鲜明特征。

第1、2块

子母阙、围墙、持剑门卫。

❖ 左侧石阙图解

从右向左分别为持剑门卫、兵器、斗拱、廊柱、围墙、三个访客。

❖ 右侧石阙图解

从左向右分别为持剑门卫、兵器、斗拱、廊柱、围墙、三个访客。

第3块：左侧正面图案

❖ 左边两图【牛车出行场景】

牛右侧站立三人，左侧站立一人，其手扶车架，大步随车前行。左侧有三位女婢，长裙曳地，身体前倾，似乎正在前行，中间一人手握饰花圆扇，前后二人均执饰花便面，其身后远方是连绵的山峦，空中刻画飞鸟。

❖ 右图【孝子董永故事】

山林田畔之中描绘一位荷锄站立的少年董永和坐于车上的父亲，董永身后随行一位女子，父亲身旁站立一位总角侍童。榜题“董永看父助与食时”。画面的主题是董永耕作孝养父亲，彰显庶民日常孝养之义。

第 4 块：中左正面图案

❖ 左图【孝子郭巨故事】

榜题“孝子郭巨与母食”，表现了孝子郭巨“独取母供养”的生活场景，榜题左下方刻画一屋，屋门洞开，中坐一妇人，应为郭巨母，其面前地上跪坐二人，前跪者为一小童，后跪者为一成年男子，二人手中奉钵，应为郭巨父子，跪坐者身后站立一女子，应为郭巨妻。

❖ 右边两图【女主人宴饮场景】

刻画的是翟门生的妻子，其坐床榻上，周围屏风，上施帐幔，翟妻左手捧杯，右手抬起，大拇指、食指二指略捻饮食，床塌左右两侧各站一位侍女。右侧为三位侍女，长裙广袖，亭亭玉立，手执华盖羽葆，均面向左侧女主方向。

第 5 块：中右正面图案

❖左边两图【男主人宴饮场景】

墓主人翟门生安坐床塌，围以忍冬纹屏风，上垂帐幔，墓主头戴高冠，身披羽裘，左手抬起，右手正在从一高足杯中取食，身前摆放杯盘餐具，内有饮馔，两侧各站立一位侍者，左边三位男侍从手持华盖羽葆。画幅正下方线刻“胡客翟门生造石床屏风吉利铭记”。翟门生自称“胡客”，“胡客”意为旅居中原的胡人，是中国古代对北方边地、西域各民族以及外族人的泛称。这方围屏从左至右的图像序列呈相互对称的结构，妻子与翟门生的画像均位于围屏中部，采取侧势构图，呈彼此凝望对饮场景，显示了他们的生活已经汉化。

❖ 右图【孝子郭巨故事】

榜题“郭巨生瘗儿天赐金一釜”，画中手执锹铲的郭巨正在掘地，左侧是一坛黄金，下方是跪地号天、悲痛欲绝的郭巨妻，其前方是一小童。上方是一飞翔于空中的飞天。飞天的出现，增加了这幅画像的神话气息，早期的飞天，形象粗犷，上身赤裸，尚存西域的特点；北魏之后，飞天的形象逐渐汉化，出现了姿态优美、长带飘卷、天衣飞扬的形象。

第 6 块：右侧正面图案

❖ 左图【孝子董黯故事】

榜题“王寄日用三牲由（犹）为不孝”，表现了西汉儒学大家董仲舒的六世孙——孝子董黯，虽家境贫寒却十分孝敬母亲，而邻居王寄家庭富裕而秉性顽劣不孝，强迫自己母亲吃三牲的情节。

❖ 右边两图【备马出行场景】

马刻画于中部，侧身站立，其身前身侧围以四人，身前二人面向马匹，前者更是伸出左手，似乎正在逗马，身侧二人手持华盖羽葆。右侧一幅刻画三位正在林中行走的少年男子。

第 3 块：左侧背面图案

❖ 左　图

春秋高士荣启期，坐于山中小榻上，左手持杯平举，地上摆放一壶，似为储酒之物，身后一人侍奉。

❖ 中　图

“妙解音律，善弹琵琶”的阮咸，坐于林中，正在拨阮，其身后右侧站立一位侍儿。

❖ 右　图

辟邪畏兽，脚踩流云行于空中。它是古代人认为能避凶邪的猛兽，两臂生翼，反掌向上托举，从美术源流上看，含有中亚祆教艺术的因素，两肩的火焰是祆教常见的“肩焰神”的一种。

第4块：中左背面图案

❖ 左　图

七贤之一的刘伶，席地而坐，右臂支于台座上，左臂高高举起，手拿牛首角杯，仰脖向上，正在酣饮，身后两侧各站立一侍者，四围为茂林。刘伶手中所执兽首角杯与南京西善桥等地发现之“竹林七贤”中的酒杯明显不同，其为外来之物，名为“来通”。来通是祆教礼仪用具，为这幅线刻画像融入了明显的异域风情，呼应了主人翟门生的“胡客”身份，这个刘伶形象是中原、粟特文化相互融合的创新。

❖ 中　图

“手挥五弦”的嵇康，席地而坐，膝上置一琴，正在操曲，头戴高冠，符合他曾官至中散大夫的特殊身份。膝前放有盏盏，内有饮食。身后有二童子侍奉，周遭密布树木。《晋书·嵇康传》记载，嵇康“所与神交者，惟陈留阮籍、河内山涛，豫其流者河内向秀、沛国刘伶、籍兄子咸、琅邪王戎，遂为竹林之游”，史称嵇康等为“竹林七贤”。

❖ 右　图

辟邪畏兽，下为一狮。

第5块：中右背面图案

❖ 左 图

辟邪畏兽，下为一虎。

❖ 中 图

七贤之一的山涛，身着宽袍大袖坐于山林之中，左腿支起，右腿内盘，左手伸出，右手抬起，身前地上摆放盘盏，内有饮食，身后站立男性侍者。

❖ 右 图

七贤之一的王戎，左腿支起，右腿内盘，高冠巍峨，右肩袒露，右手执杯，身前地上亦有盘盏，内有饮食，身后两侧各站一侍者，周围丛树密林，手中执物形似如意。

第 6 块：右侧背面图案

❖ 左 图

辟邪畏兽，从空而降，其面目狰狞，肩生双翼，张牙舞爪，周围莲花流云，下方雕刻两只正在山间行走的小鹿。画像右侧界格上竖刻“此名辟非守”五字，观其形象，或指辟邪，辟邪是古代传说中的神兽，早在汉代多有表现，北魏后开始让位于独立人物画。

❖ 中 图

七贤之一的阮籍，席地而坐，左腿支起，右腿内盘，身前地上摆放盘盏，两侧各有一侍者伺候，身后茂树林立，右侧界格竖刻“此名阮籍字伺（嗣）宗”。

❖ 右 图

背靠“隐囊”的向秀，坐于林间，左腿支起，右腿内盘，身后凭靠“隐囊”，后又有两位童子侍奉，身前摆放盘盏。右侧界格尚存“此名”二字，余已残损，“此名”之后隐约见有一“丿”，似乎是“向”字的首笔，刻画的应是“竹林七贤”中的向秀。“隐囊”为外来之物，是一种软性靠垫，功能类似汉地的“隐几”，用于倚靠，龙门石窟宾阳中洞遗存其形象，时代在北魏后期，外形与翟门生石床围屏上的“隐囊”相似。

【撰稿】王树金

北魏

彩绘人物故事漆屏

单块高 82 厘米，宽 20 厘米，厚 2.5 厘米
1965 年山西大同石家寨村司马金龙夫妇墓出土
山西博物院藏

屏风原为床榻围屏，其上描绘了古贤列女的故事，意在树立人生道德标杆，宣扬忠孝贤良的美德，教化世人。双面以红漆为底，题记处涂黄漆，以黑漆书字，并勾勒人物轮廓；人物面部及手部填有铅白，现已经部分脱落，衣服内填以黄、白、青绿、橙红、灰蓝等色。绘画采用渲染和铁线勾描的手法，笔法细腻，人物须眉衣带一丝不苟，与顾恺之笔法相似。这组屏风具有极高的艺术价值，是北魏绘画史上的重要物证。

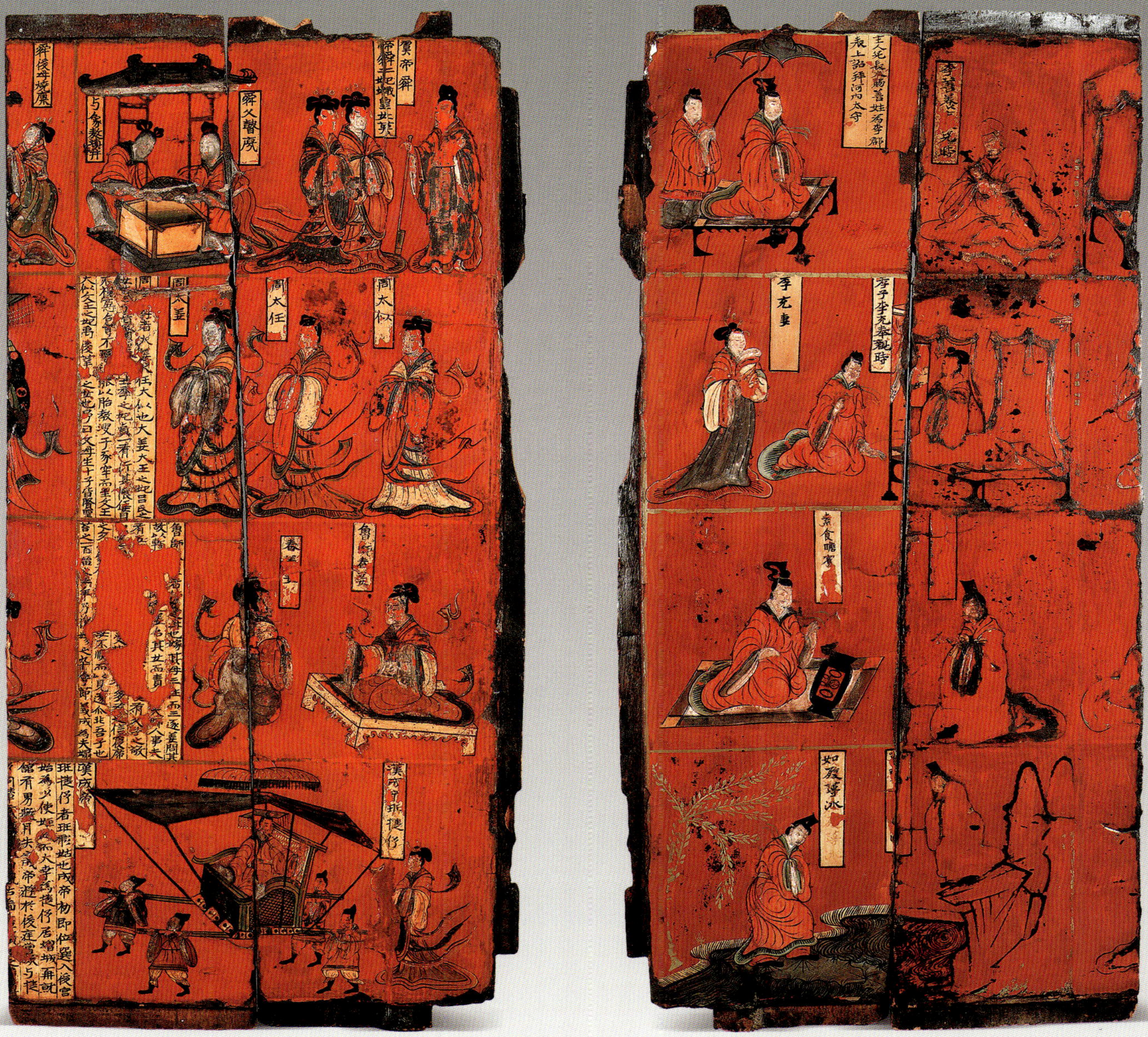

背景资料

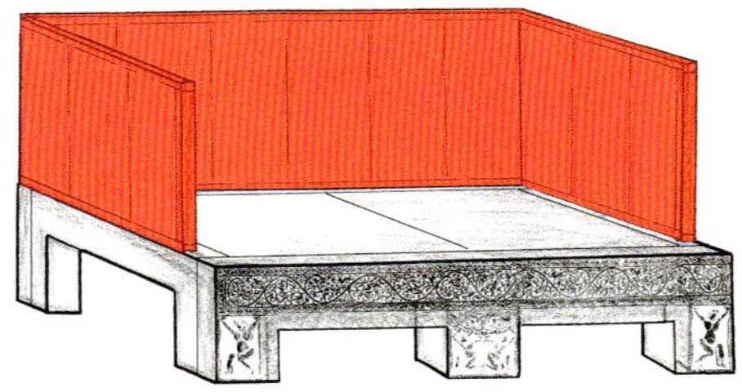

漆围屏石床榻组合复原示意图

墓主人司马金龙（？—484），晋代“琅琊王”，官拜侍中、镇西大将军、开府、云中镇大将、朔州刺史，征为吏部尚书。因墓葬早年被盗，漆屏风出土时只保存有五块、若干构件及少量残存漆片。经研究者复原，完整的围屏应为“十二牒（扇）”屏，三面围于石床榻之上。

文物图解

画面内容及典故

屏风两面皆有绘画，均分为四层。

烈女德行

古贤德行

正面前三个画面皆出自《列女传·母仪传》，第一层为舜的两位夫人娥皇、女英始终支持丈夫尽孝的故事；第二层即《周室三母》，讲述的是周太王妃太姜、周文王母太任、周武王母太似的贤德；第三层绘两位人物，为鲁师春姜训诫其女孝顺夫家长辈的故事，与《列女传·母仪传》中的《鲁师氏母》有出入；第四层描绘的是班婕妤不恃宠而骄，辞与成帝同乘辇的故事，取自《续列女传》，但画中题记并不是采自《传》文，而是节略《汉书·外戚传》中的叙事。

背面居上的三幅，皆表扬德行，前两幅见于《后汉书·独行列传》。第一幅独坐式小榻上坐着头戴远游冠的小主人，身后有童子高擎伞盖，对面则是行礼如仪的仆人李善。不过题记云“诏拜河内太守”，与《传》中的“诏拜太子舍人”不同。第二幅帷帐中绘出端坐的李母，李充前跪，痛斥因家贫而欲分家的妻子，认为其妻离间母子兄弟，罪当赶出家门。充妻立在一旁，是即将掩面含涕而去的一刻。第三幅，左侧戴远游冠者坐客席，为郭林宗；对面则是杀鸡给母亲吃，而自己和客人只吃素食的茅容。

最下幅以“如履薄冰”为榜题，画幅一角绘岸柳垂丝吐绿，点出时令，一子蹈冰逾河，薄冰于是在脚下开裂。它其实是一幅带有政论意义的劝诫画，《诗·小雅·小旻》“不敢暴虎，不敢冯河。人知其一，莫知其他。战战兢兢，如临深渊，如履薄冰”，即此图画之取意。

绘画风格分析

屏风所绘帝舜二妃、周室三母、班女婕妤，均绘出矜庄之容，而又衣带当风，表现出款款而行的雍容；人物描写使用了浓淡渲染，较好地表现了立体感和肌肤色调；线条运用富有节奏感。与顾恺之作品近似。

仕女形象

司马金龙墓漆屏风

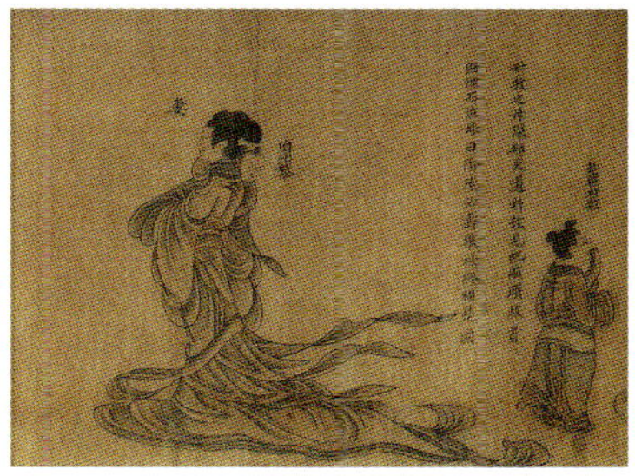

传顾恺之《烈女仁智图》(宋摹本)

传顾恺之《女史箴图》(唐摹本)

班女婕妤

司马金龙墓漆屏风

传顾恺之《女史箴图》(宋摹本)

内容拓展

历代屏风功能及造型演变

先秦即出现屏风，称“皇邸”“扆”，作为皇座的背景衬托，为权势与地位的象征。西汉始有“屏风”一词。汉代床榻开始与屏风结合使用，形式多样，有独扇屏、连屏和叠扇屏。魏晋南北朝时，书画被运用到屏风中，官宦之家屏风上多绘古贤、列女题材，或书写劝诫内容。隋唐五代时，书画屏最为盛行，山水题材逐渐兴起。宋代的屏风追求实用性，式样较为单一，明代沿袭了这一特点。清代，屏风更讲究装饰性，追求华丽精美。此时屏风种类齐全，分为宝座屏风、围屏、插屏三大类，挂屏也开始出现，并成为纯粹的装饰和艺术品。

马王堆汉墓出土漆屏风

辽阳棒台子屯汉墓壁画中的屏风

司马金龙墓漆屏图中的座屏

五代《韩熙载夜宴图》中各式屏风

宋人《书画孝经图》中的屏风

明代杜堇《玩古图》中的屏风
台北"故宫博物院"藏

清康熙挂屏
故宫博物院藏

清代点翠金漆玻璃宝座屏风
故宫博物院藏

【撰稿】卢莉

陆

大唐气象

唐代是中国历史上最为鼎盛时期，版图空间扩大，物资丰裕，都城长安成为世界经济文化中心，生活着各色人种，人们以身为大唐子民而自豪。同时佛教开始中国化。

唐代

唐摹王羲之《兰亭序》

整幅：纵 30.5 厘米，横 454 厘米
本幅：纵 24.4 厘米，横 65.6 厘米
绢本
20 世纪 50 年代湖南省文物管理委员会移交
湖南省博物馆藏

王羲之《兰亭序》被誉为“天下第一行书”，它记录了东晋永和九年（353）三月三日，王羲之与谢安等士大夫在会稽山阴兰亭雅集的经过，并抒发了对自然之美好、生命之短暂的咏叹，语言流畅、清丽动人。书法风格上，王羲之创造了一种俊逸、雄健、流美的书风，以此帖为典型代表，影响了后世无数的书法家。至今，《兰亭序》作为书法史上不朽的丰碑，依然陶冶着无数人的心性，启发着人们对书法之美的思考。

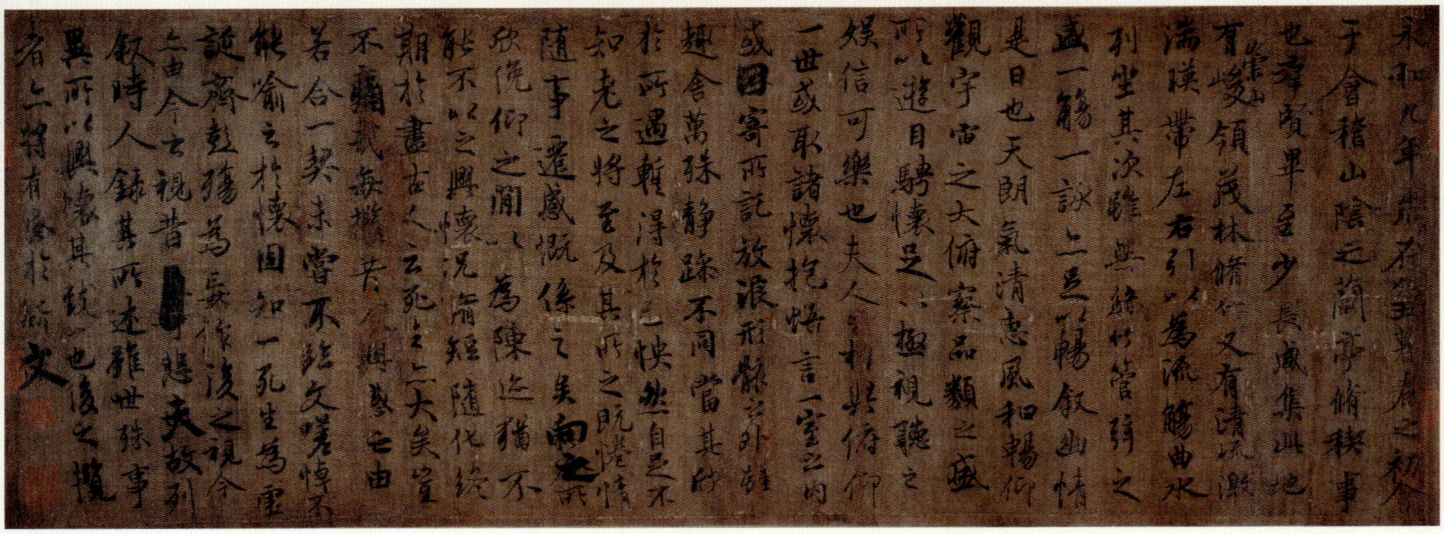

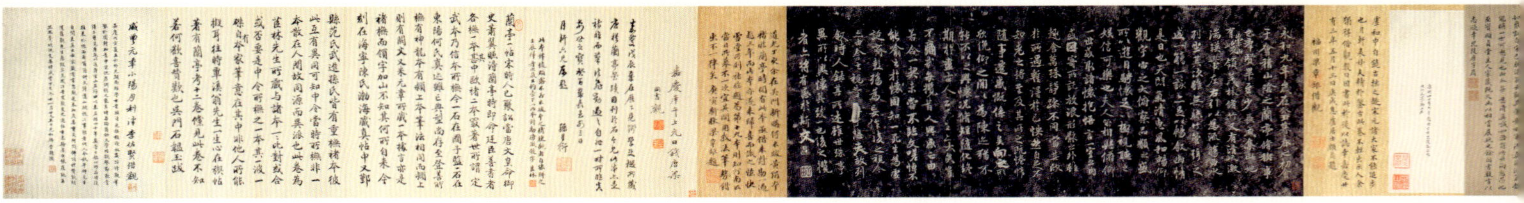

兰亭修禊

修禊源于周代，人们相约水边沐浴、洗濯，除灾祛邪，后演变为文人饮酒赋诗的集会。永和九年三月三日，王羲之与名士于会稽山阴兰亭作“曲水流觞”之戏，《兰亭序》由此诞生。

唐摹本的由来——萧翼赚兰亭

唐太宗喜爱王羲之书法，下令搜罗天下王羲之遗墨，传其监察御史萧翼用计从辨才和尚手中得到《兰亭序》，后命人复制了多本，而将真本带入墓中陪葬。传世的唐摹本，尤其是摹制精良者，即为“下真迹一等”，可同等真迹视之。

明代文徵明《兰亭修禊》图卷
纸本设色，纵 24.2 厘米，横 60.1 厘米，故宫博物院藏

宋代《萧翼赚兰亭》图卷
绢本设色，纵 26.6 厘米，横 44.3 厘米，故宫博物院藏

存世《兰亭序》早期善本的比较

❖ 唐摹（托名冯承素）《兰亭序》卷（故宫博物院藏）

通篇流畅自然，并保留了纤毫毕现的原帖细节，如破锋、贼毫，在传世摹本中最为精美，体现了王羲之书法遒媚多姿的艺术特点，为接近原迹的唐摹本。

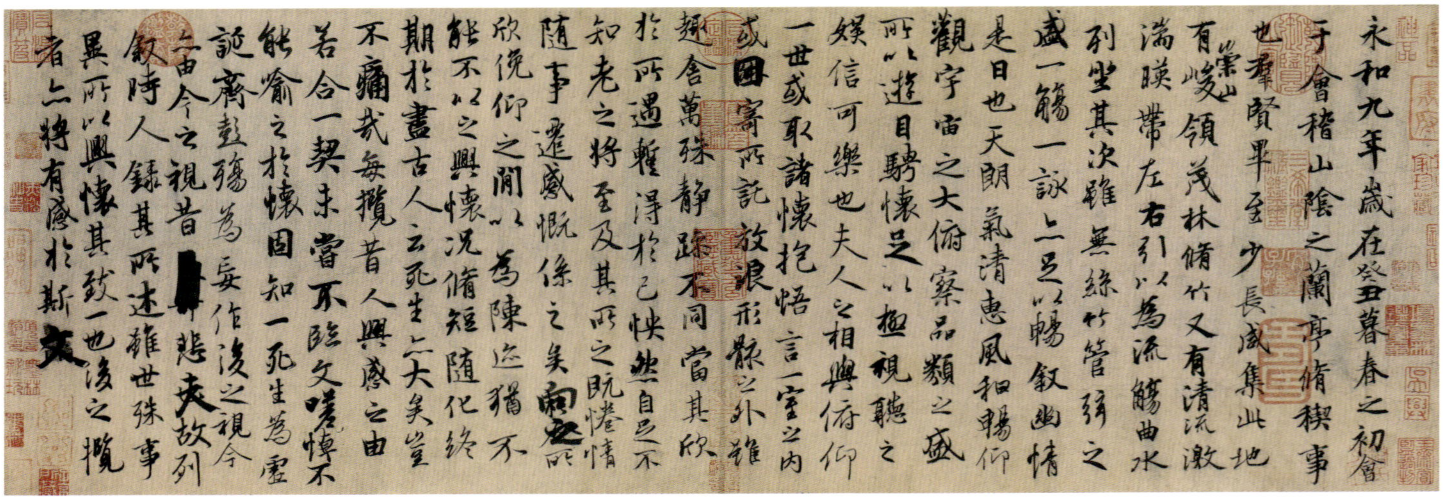

❖ 唐摹（托名褚遂良）《兰亭序》卷（湖南省博物馆藏）

卷前引首有明代著名书画家、鉴赏家董其昌题书的“墨宝”二字（残存），卷中有明代书画鉴赏家项元汴藏印多方，卷尾依次有明清诸多名家题跋。顾莼赞此本“虚和自绕古拙之趣，宋元诸大家不能追步”，王澍评其“笔墨之外别有一种超诣变灭之趣，当时醉态（王羲之书写《兰亭序》时）仿佛可见”，贺天钧称该帖“笔法飞舞，神采奕奕”，唐宇肩评其“笔意清真”，韩崇赞其 “谛观笔势，于圆转如意中寓沉厚渊穆之象”，等等。虽绢丝陈旧泛褐，但忠实记录了原帖的字形、牵丝引带及行笔节奏，为仅次于神龙本（托名冯承素唐摹本）的精良摹本。

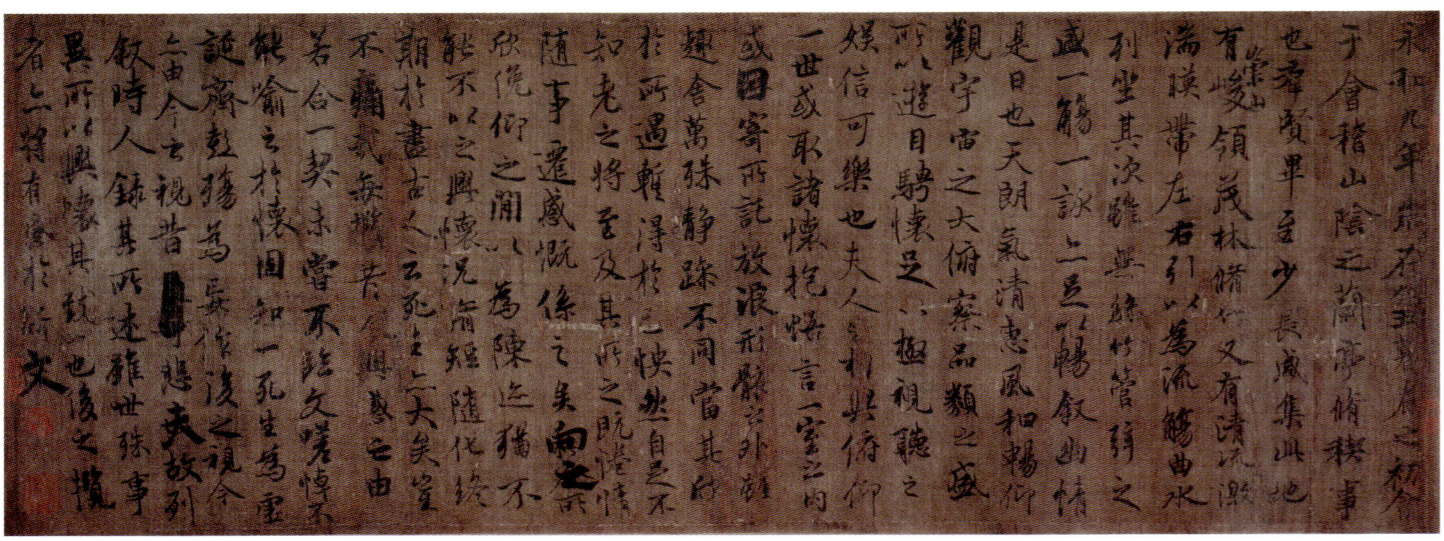

❖ 传唐褚遂良摹《兰亭序》卷（故宫博物院藏）

以临为主、临摹结合本，书写较为流畅，亦具一定功力，掺杂了临者的用笔习惯。

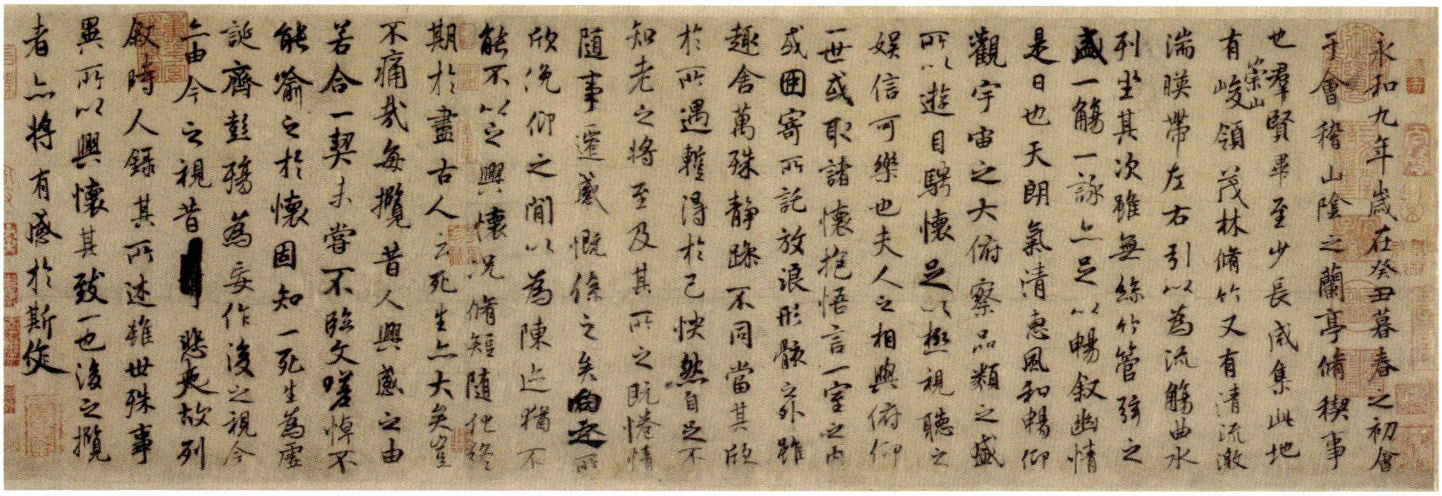

❖ 唐摹（托名虞世南）《兰亭序》卷（故宫博物院藏）

各行排列松匀，点画较圆转，少锐利笔锋，墨色清淡，显出所谓‘古穆之气”“古拙之趣”，实为不佳。据考证，此本当为唐代辗转翻摹之古本。

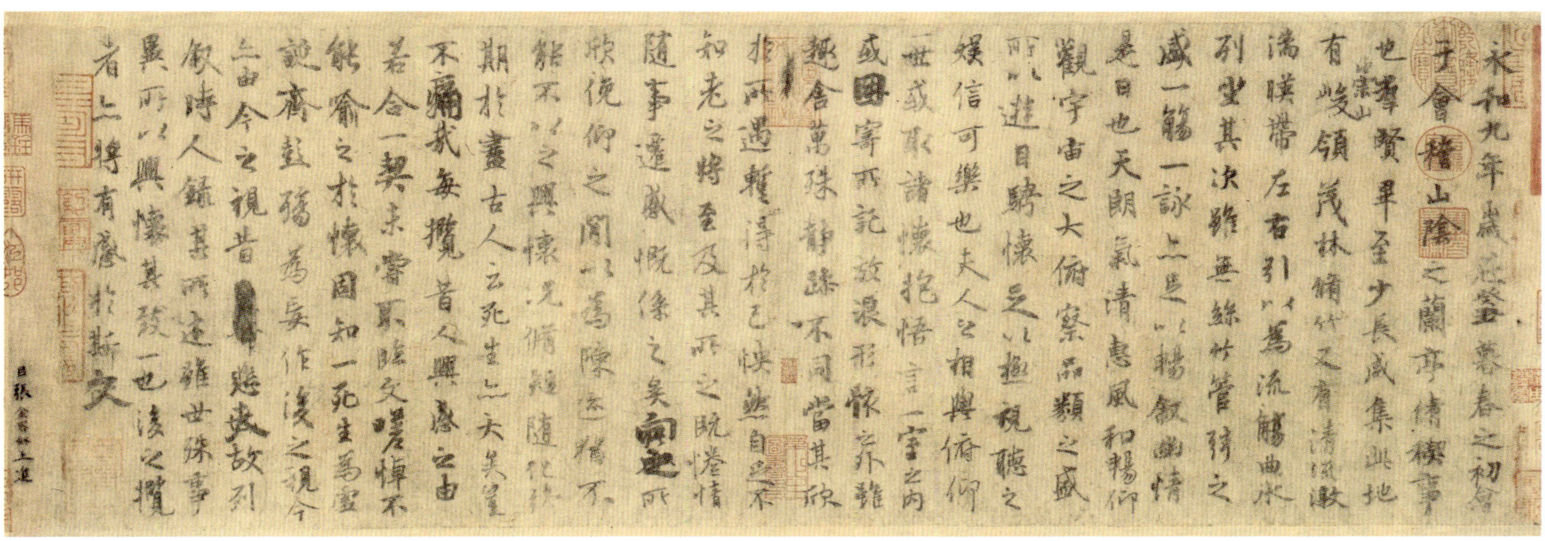

内容拓展

《兰亭序》对后世的影响

《兰亭序》被誉为“天下第一行书”，梁武帝萧衍评价王羲之书法：“字势雄逸，如龙跳天门，虎卧凤阙，故历代宝之，永以为训。”王羲之所创造的俊逸、雄健、流美的书风，影响了后世无数的书法家。

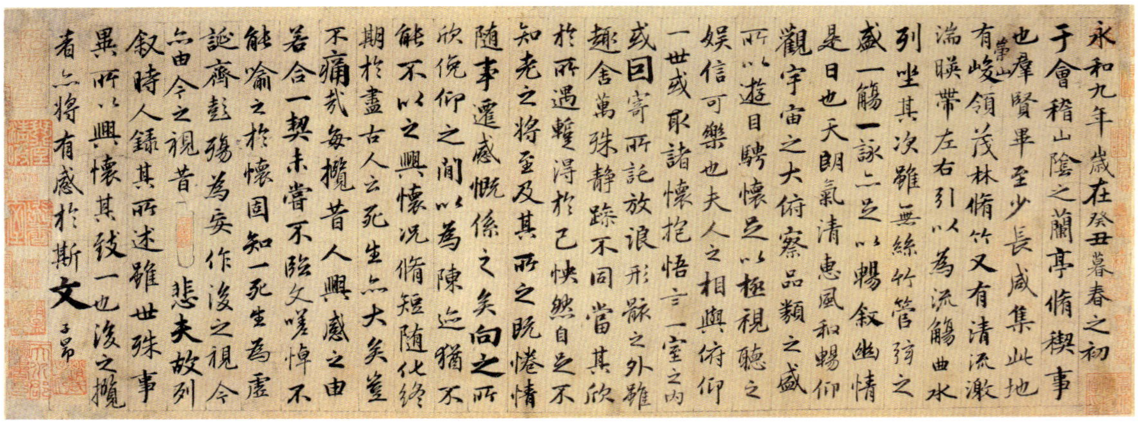

元代赵孟頫临王羲之《兰亭序》卷
纸本，纵 24.5 厘米，横 65.5 厘米，无锡博物院藏

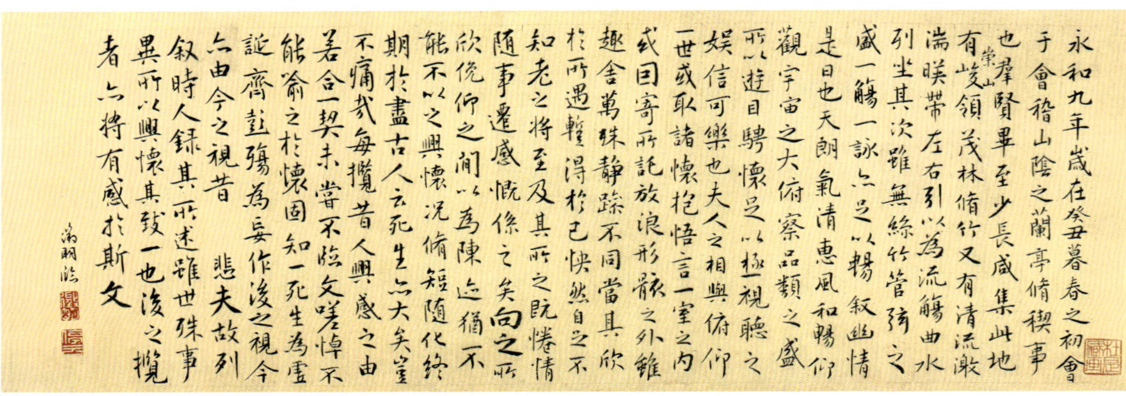

明代文徵明临王羲之《兰亭序》卷
纸本，纵 24.2 厘米，横约 65 厘米，故宫博物院藏

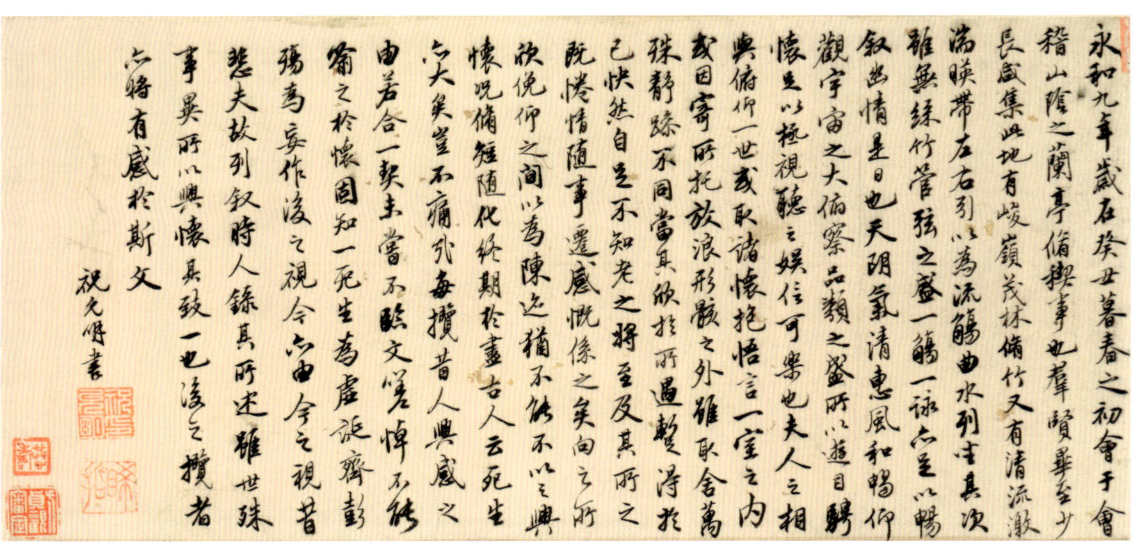

明代祝允明临王羲之《兰亭序》卷
纸本，纵 22.9 厘米，横 48.7 厘米，辽宁省博物馆藏

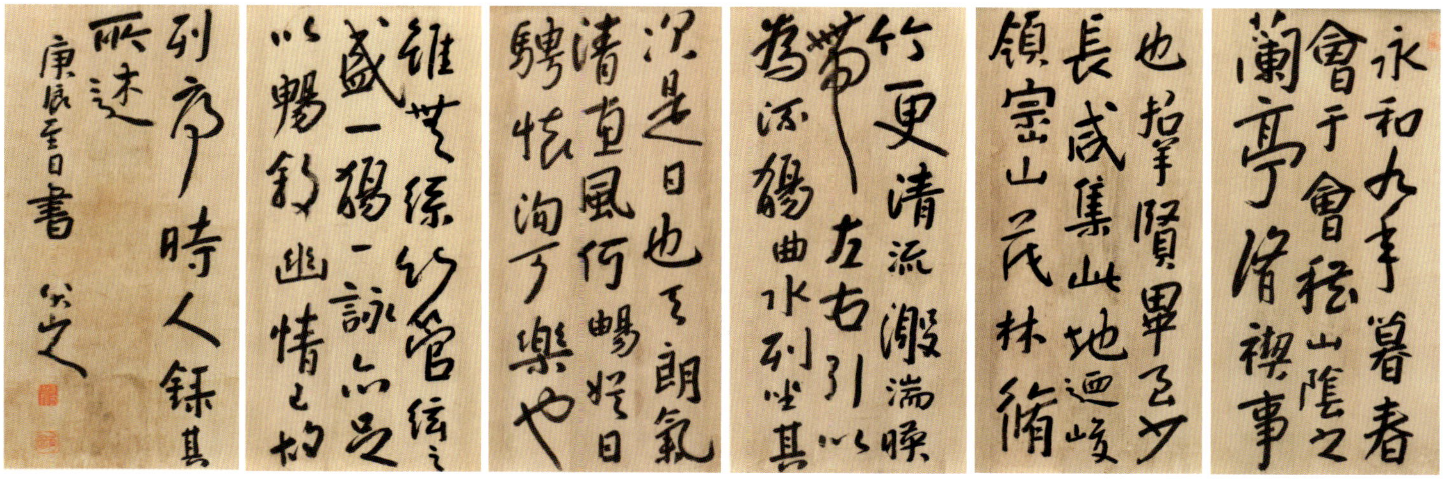

清代朱耷临王羲之《兰亭序》册页

纸本，各纵 74.8 厘米，横 36.9 厘米，日本东京国立博物馆藏

王羲之在魏晋书体的演变中的作用

魏晋时期，书体从篆书、隶书演变为楷书，行书、草书也逐渐流行。王羲之顺应书体发展的趋势，引入时代审美意趣，在精研钟繇、张芝书体的基础上，进行了大胆改革，不仅完成了汉字书体的定型，而且完成了中国书法艺术变质为妍的重大转变。

时代	西汉	三国 魏	东晋	东晋	东晋
名称	马王堆帛书《周易》	钟繇《宣示表》	王羲之 小楷《黄庭坚》	王羲之 草书《远宦帖》	王羲之 行书《丧乱帖》
作品	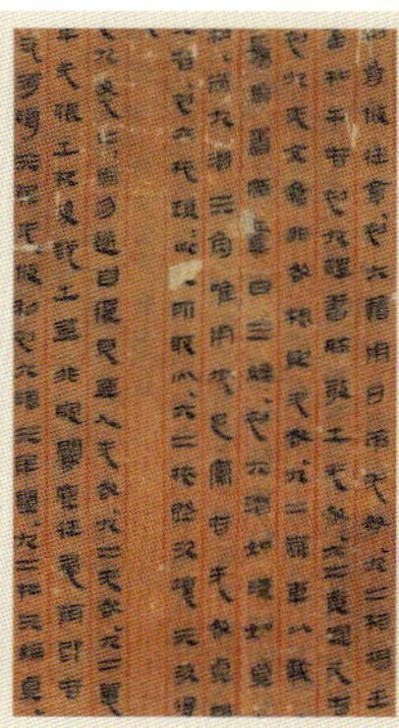	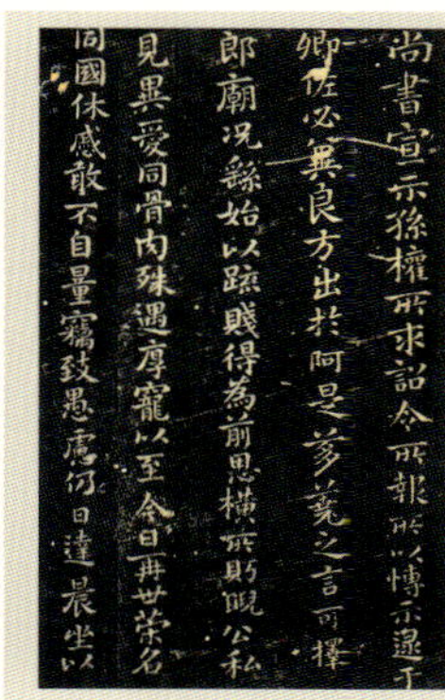		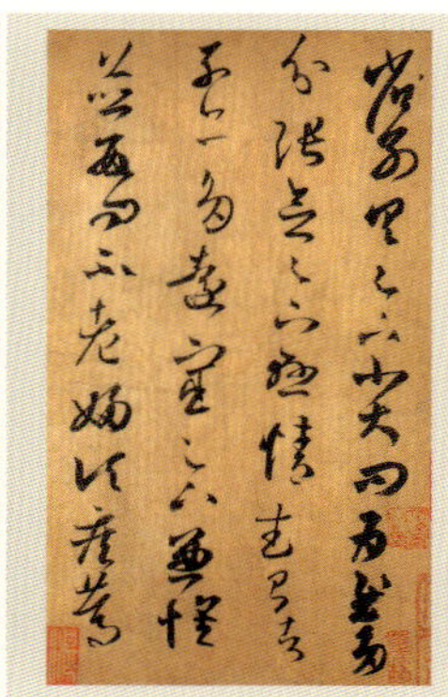	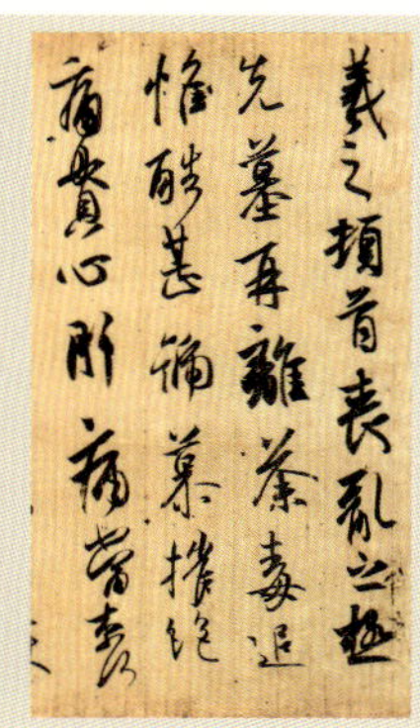
特点	成熟隶书。	尚未脱尽隶意，稚拙古朴。	楷书变横向取式为纵向取式，端庄匀整。	草书则改章草的作书缓慢、多波挑、笔势不连贯为今草的运笔自由、笔势连贯、减省笔画而不失字形。	行书脱尽隶意，欹侧取妍，遒媚紧敛，势巧行密，加强了书法的艺术性和实用性。

【撰稿】卢莉

唐代

彩绘伏羲女娲图麻布画

纵 222 厘米，上横 95 厘米，下横 76.5 厘米
1964 年新疆吐鲁番阿斯塔那 45 号墓出土
新疆维吾尔自治区博物馆藏

这种图像在吐鲁番地区古墓中多有发现，一般出自夫妻合葬墓，用木钉钉在墓顶上，少数则折叠包好放在死者身旁。麻布画绘伏羲在左，左手执矩，女娲在右，右手执规，人首蛇身，蛇尾交缠，头上绘日，尾间绘月，周围绘星辰（勺形北斗七星）。构图奇特，寓意深刻，富于艺术魅力和神秘色彩。伏羲执规画圆天，女娲执矩画方地，日月星辰象征天界永恒，两尾相交寓意生命再生。伏羲、女娲是我国古代传说中的天神和人类的始祖，据说伏羲教导人们从事生产，女娲教导人们婚姻伦理。他们手持的规矩，既是生产工具，也是社会秩序的象征。

内容拓展

汉代伏羲女娲图

伏羲、女娲的形象为人身蛇尾，多双双出现，双尾相交，表达生命得以延续和再生的愿望，类似于西方的亚当、夏娃。四川地区的伏羲、女娲手举日月，山东地区的伏羲、女娲手持规矩，河南南阳地区的伏羲、女娲手执华盖、灵芝。托日月象征天界，持规矩代表规天矩地以定方圆，执灵芝、华盖反映汉代的神仙思想。

女娲图
河南南阳汉墓画像石

伏羲女娲图
江苏徐州汉墓画像石

伏羲图
山东梁山汉墓画像石

伏羲女娲交尾图
四川郫县汉画像石棺

伏羲女娲交尾图
安徽宿州西汉墓画像石

伏羲女娲交尾图
山东嘉祥汉墓画像石

伏羲女娲交尾图
山东嘉祥汉墓画像石

西王母、伏羲女娲图
山东滕州汉墓画像石

伏羲女娲图向西域传播

两晋至隋唐时期，中原文化和习俗沿着丝绸之路传播到高昌，画风与葬俗也传到了吐鲁番阿斯塔那一带。逝者面对的戈壁土墓顶部，大都用木钉钉着一幅丝绢或麻布的伏羲与女娲交合图像，祈望逝者追随华夏子孙的始祖神，融入宇宙苍穹，经历阴阳交合，走向希望的新生。

伏羲女娲图

甘肃高台骆驼城晋墓画像砖

彩绘伏羲女娲图

新疆吐鲁番阿斯塔那42号唐墓出土

【撰稿】郑曙斌

唐代

鎏金鸿雁纹银茶碾

碾槽：高 7.1 厘米，长 27.4 厘米，宽 4.4 厘米，盖板长 20.7 厘米
碾轮：直径 8.9 厘米，轴长 21.6 厘米
1987 年陕西扶风法门寺地宫出土
法门寺博物馆藏

茶碾由鎏金茶碾槽和碾轮组成，法门寺衣物账中称之为“茶槽子”“碾子”。碾槽由盖板、槽身、槽座三部分组成，盖板用以遮挡灰尘，中间焊一宝珠形小捉手，其上錾刻鸿雁祥云纹。内槽呈半月弧形，槽身侧面镂空壶门，其上錾刻天马祥云纹，槽座周边饰二十朵团花，碾轮饰宝相莲花、流云纹。该套茶碾为唐皇室日常所用之物，后供奉于法门寺，反映了唐代晚期宫廷饮茶文化和高超的金银器制作水平。

背景资料

法门寺，因供奉释迦牟尼佛指骨舍利而成为佛教圣地，也是唐代皇家寺庙，先后有高宗、武后等八位皇帝迎奉佛指舍利于此。1987 年法门寺地宫被发现，出土了 2400 多件唐代国宝重器和佛指骨舍利，轰动世界。

茶碾出土时的情况

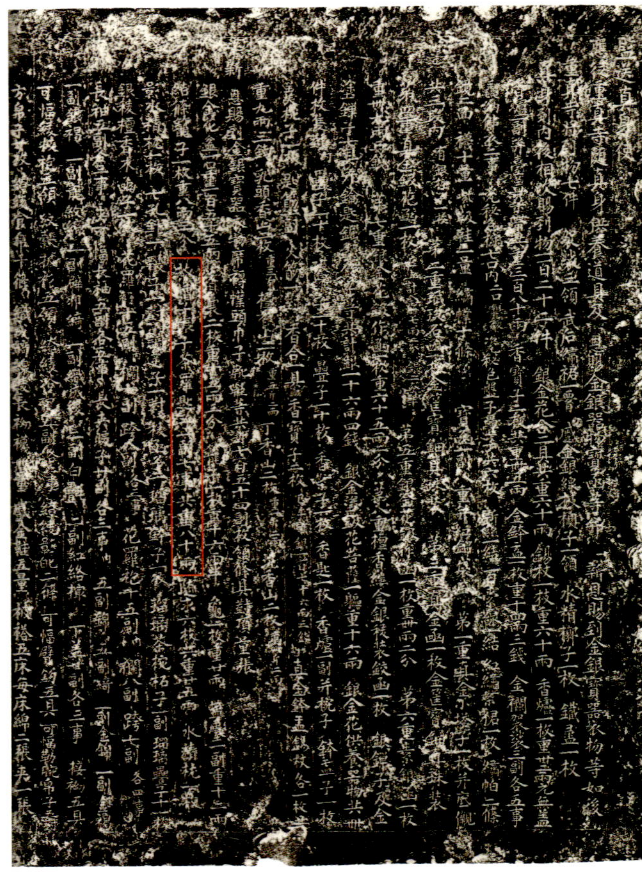
法门寺地宫出土记载有茶碾的衣物账

文物图解

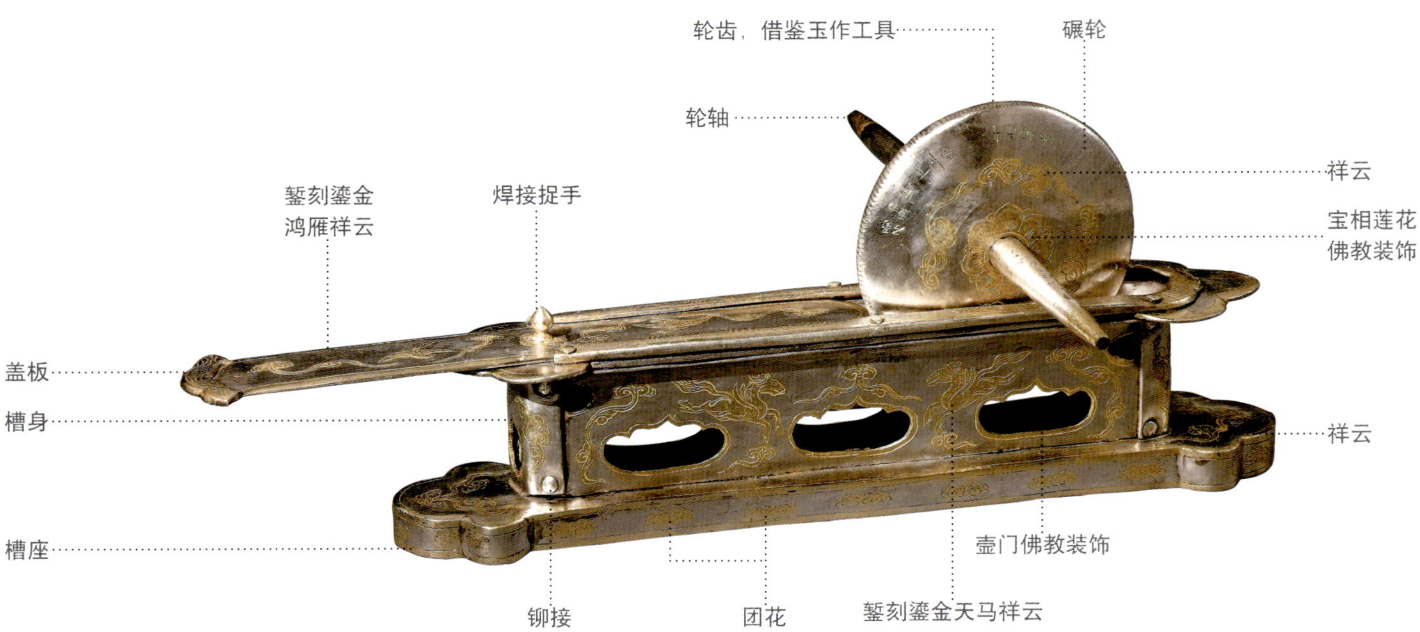

铭 文

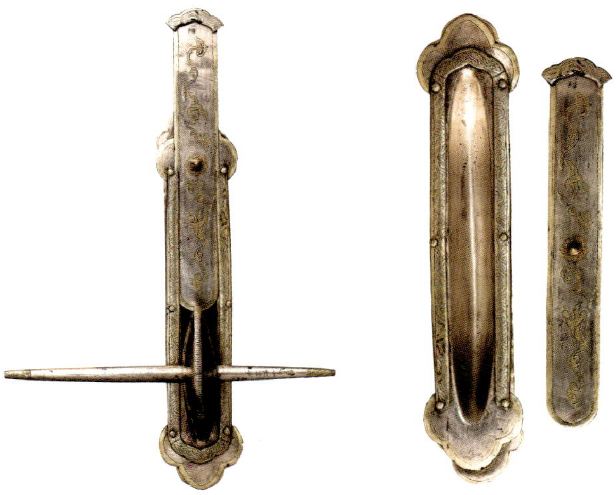

咸通十年文思院造银金花茶碾子一枚并盖共重廿九两，

匠臣邵元审、作官臣李师存、判官高品臣吴弘悫、使臣能顺

- 咸通十年：唐懿宗年号，公元 869 年
- 文思院：宫廷金银器制作机构
- 银金花：银器花纹上鎏金
- 茶碾子：器名
- 匠臣邵元审：制作工匠
- 作官臣李师存：工匠首领
- 判官高品臣吴弘悫：文思院官员
- 使臣能顺：文思院最高官员

茶碾底部錾刻铭文

纹 饰

天马源于希腊神话中的翼马形象，北魏时传入中国，到唐代流行。李白《天马歌》云："天马来出月支窟，背为虎文龙翼骨……骁跃惊矫浮云翻。"

碾槽上的天马形象

装饰工艺

"银金花"工艺做成的银器，称为"金花银器"，此种工艺即先在银器上錾刻花纹，再于花纹上鎏金，使其醒目。

碾轮上的"银金花"工艺

内容拓展

宫廷与民间茶碾对比、茶碾形制变迁

宫廷：金银材质，高贵洁净。
民间：陶瓷材质，经济便捷。

巩县窑瓷茶碾

宫廷银金花茶碾

定窑瓷茶碾

茶碾形制变迁：后世茶碾由唐代长方形演变为船型。

河北宣化下八里辽代壁画墓《备茶图》

南宋周季常、林庭珪《五百罗汉图·备茶》

唐代“煎茶法”

宫廷贵族使用银质茶具，高贵洁净，茶器繁多，流程规范。陆羽《茶经》记载：“城邑之中，王公之门，二十四器阙一，则茶废矣！”“二十四器”即饮茶使用的器具。

❖ 炙 茶

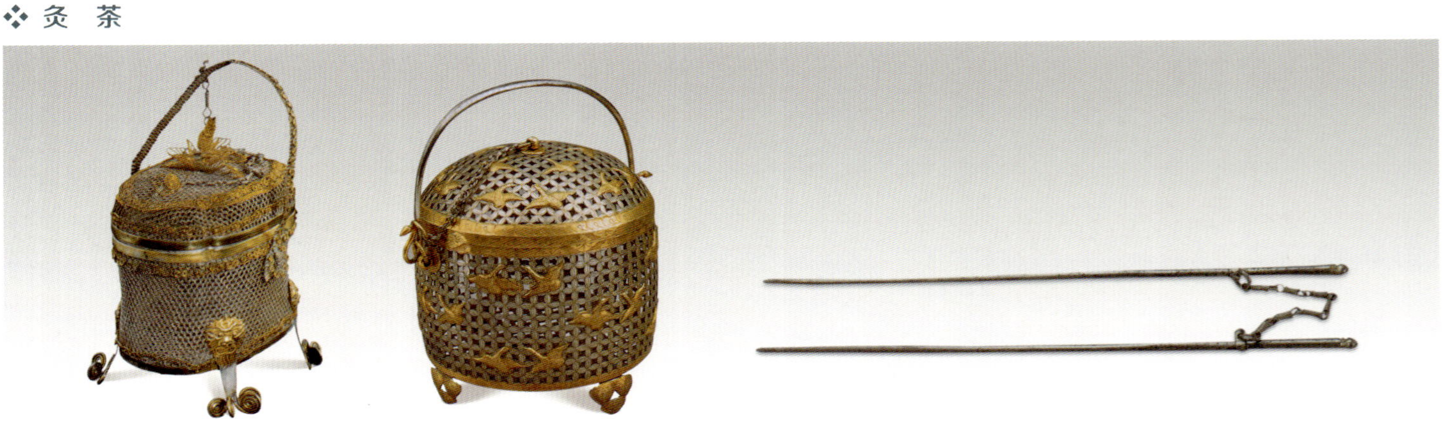

金银丝结条笼子　　鎏金鸿雁球路纹提梁银笼　　银火箸（煎茶时生火夹炭的器具）

碾 茶

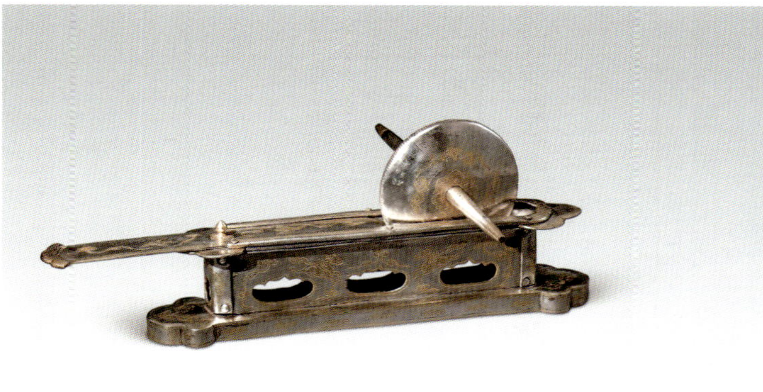

鎏金鸿雁纹银茶碾

罗 茶

鎏金仙人驾鹤纹壸门座茶罗子

煮水（加盐）

据《茶经》记载煮水时，微有声为一沸，调盐，弃水膜；缘边如涌泉连珠为二沸，出水一瓢。

鎏金摩羯纹三足银盐台

煎 茶

用竹策在水心搅动，用茶则量茶末放入水心。煮一升水，用一方寸匙茶末，可分五碗茶。

待腾波鼓浪为三沸，水沫飞溅，用刚舀出的水止沸，即“育华”。

鎏金飞鸿纹银茶则

饮 茶

放置茶碗，分均沫饽，沫饽即茶汤的精华。

《茶经》曰：“碗，越州上……邢不如越。”唐代宫廷使用越窑进贡的秘色瓷碗饮茶。

琉璃茶碗

秘色茶盏

唐代《宫乐图》
台北"故宫博物院"藏

唐代民间饮茶使用陶瓷茶具，流程简化，饮用便捷。《茶经》记载民间饮茶："饮有粗茶、散茶、末茶、饼茶者，乃斫，乃熬，乃炀，乃舂，贮于瓶缶之中，以汤沃焉，谓之茶。"

巩县窑茶具一套
河南巩义出土

【撰稿】方昭远

柒

宁静致远

“郁郁乎文哉”之宋，追求的是大唐喧哗后的宁静。唐人向往财富的积累、外表的华丽，争的是“脸面”；宋人向往的是生活的品质，内在的修养，追求的是内心恬静。并存的辽、金虽是周边民族建立的政权，但也传承了汉文化，与宋可谓是一花二叶。

南宋 斗浆图

长 40.6 厘米，宽 33.8 厘米
黑龙江省博物馆藏

斗浆即斗茶之意，此图描绘了平民街头斗茶的情景。画家通过描绘六位斗茶者不同的姿态和形式各异的茶具，定格在点茶、观茶、品茶的一瞬间，生动反映了中国宋代独具特色的茶文化和斗茶风气之盛。绘画以花青、赭石、藤黄为主要色彩，有少量石青，古朴淡雅。

背景资料

古今画家以斗茶为题材的绘画作品

建安斗试，以水痕先者为负，耐久者为胜，故较胜负之说，曰相去一水两水。

——北宋蔡襄《茶录》

南宋刘松年（传）《茗园赌市图》
台北“故宫博物院”藏

元代赵孟頫（传）《斗茶图》
台北“故宫博物院”藏

清代汪承霈《群仙集祝图》
台北“故宫博物院”藏

文物图解

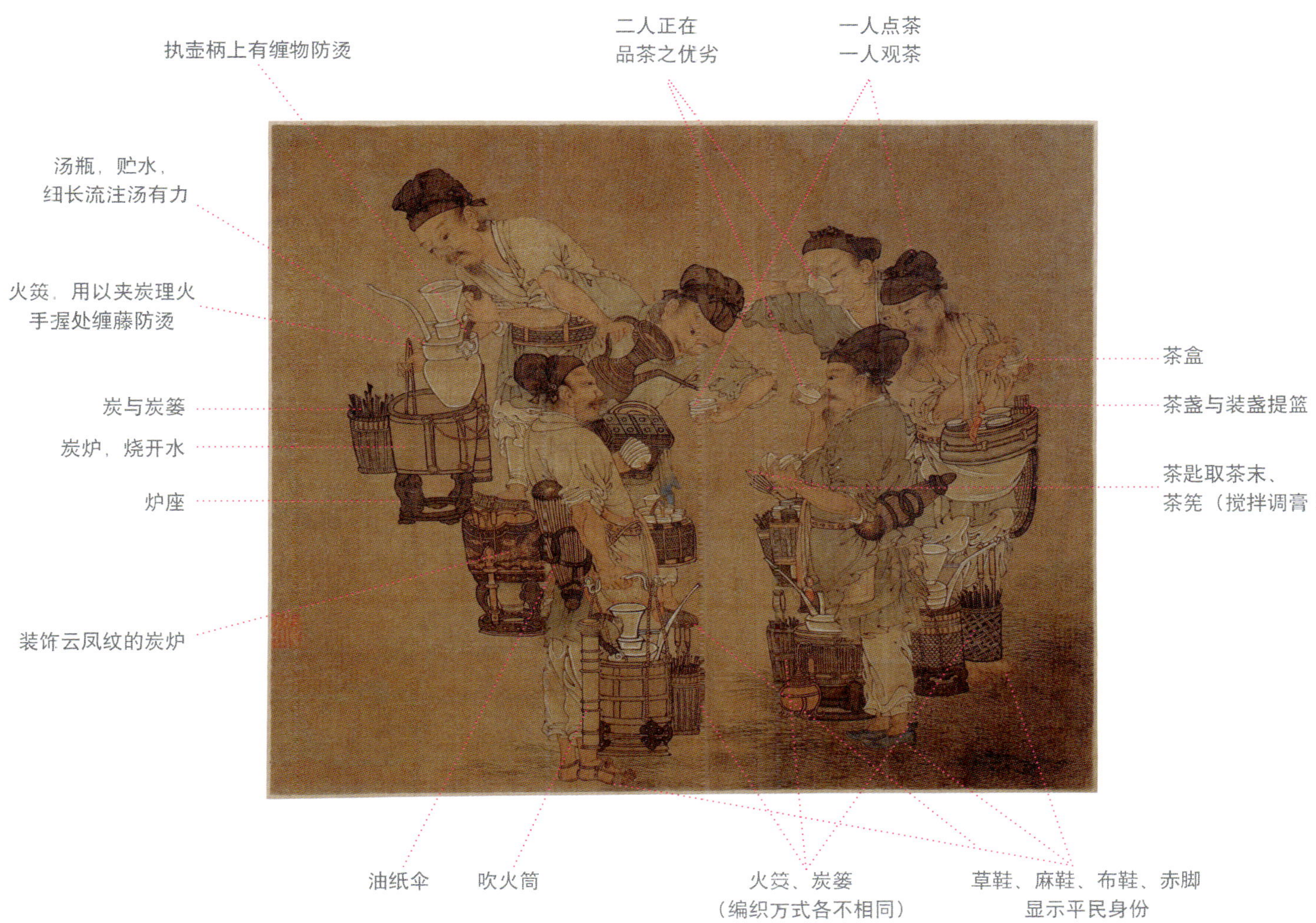

内容拓展

中国饮茶方式的演变

羹饮法（唐及前代）—煎茶法（唐代）—点茶法（宋元）—瀹饮法（明清至今）

❖ 羹饮法

煮茶时加入葱、姜、枣、橘皮等调味品，像喝蔬菜汤一样。

> 树小如栀子，冬生，叶可煮作羹饮，今呼早采为茶，晚取者为茗。
>
> ——东晋郭璞《尔雅注》

> 然季疵以前称茗饮者，必浑以烹之，与夫瀹蔬而啜者无异也。
>
> ——唐代皮日休《茶中杂咏·序》

❖ 煎茶法

开始讲求品茶之本味，有一套完整的流程和茶具。

❖ 点茶法

在唐代煎茶法基础上进一步发展，步骤为：炙茶—碾茶—罗茶—煮水—熁盏—调膏—点茶—饮茶。

❖ 瀹饮法

由唐宋散茶饮用法发展而来，工序是备器、取水、选火、候汤、投茶、浸泡、分茶。明代陈洪绶《停琴品茗图》表现了晚明时期流行的瀹饮法，紫砂茶具也因此而兴起。清代盛行用盖碗饮茶。

南宋周季常、林庭珪《五百罗汉图·吃茶》（局部）
日本奈良大德寺藏

明代陈洪绶《停琴品茗图》
香港艺术博物馆藏

清代粉彩人物纹盖碗
湖南省博物馆藏

【撰稿】方昭远

南宋 景德镇窑青白釉观音坐像

高 29.5 厘米，宽 18.5 厘米，厚 10 厘米
1964 年北京丰台瓦窑村金代塔基出土
首都博物馆藏

观音结跏趺坐，戴宝珠花冠，花冠正中有一小化佛。通体素白，仅袈裟边缘施青白釉，露胎处原加饰金彩（已脱落）。袈裟自头顶披下，袒露出面部及前胸。胸前佩瓔珞及丝带。胎质洁白细腻，塑造精细，容貌秀美，神情慈祥。

背景资料

观音在印度作为大乘佛教菩萨之一，两晋之际传入中国，观音菩萨普渡众生的大慈悲品格切合中国人的需求，在传播过程中紧密切合中国文化，不断演进，成为印度佛教中国化中最显著的信仰形态，对中国哲学、宗教等诸多方面产生了深刻的影响。

文物图解

内容拓展

观音信仰的中国化

观音造像由男性变为女性最能反映其中国化的历程。魏晋南北朝时期，观音造像为男性；隋唐时期，观音造像开始出现女性形象；宋代及以后，观音造像定型为女性形象，并出现了鱼篮观音、送子观音等中国特有观音形象。

2—3 世纪观音菩萨半跏思惟像
日本平山郁夫丝绸之路美术馆藏

北魏观音三尊像
洛阳博物馆藏

唐代敦煌二观世音菩萨图
大英博物馆藏

唐代观音壁画
敦煌莫高窟第57窟

五代《水月观音图》
大英博物馆藏

南宋牧溪和尚《白衣观音像》(局部)
日本京都大德寺藏

元代景德镇窑青白釉水月观音像
首都博物馆藏

南宋景德镇窑青白釉观音坐像
首都博物馆藏

明代德化窑白釉观音坐像
故宫博物院藏

【撰稿】方昭远

南宋 朱克柔缂丝《牡丹图》

缂丝部分高 23.2 厘米，宽 23.8 厘米
辽宁省博物馆藏

蓝地织盛开的牡丹花，左下角缂“朱克柔印”朱文篆章。缂丝上有“乾隆御览之宝”“石渠宝笈”“宝笈重编”“石渠定鉴”四玺印。对幅有明人张习志题赞。题赞释文如下：

克（缂）丝作盛于唐贞观、开元间，人主崇尚文雅，书画皆以之为标帙，今所谓包首锦者是也。宋仍之。靖康之难，多沦于民间，好事者见光彩绚烂，缋缛精致，虽绘事所不逮，遂缉成卷册，以供清玩。元人尤工之，有裁为衣衾者。我圣祖见其似作淫巧，始禁之，而人间乃为罕物矣。此幅方尺余，其体表皆纤细，犹引单蚕丝，具五彩，游缀委曲，出乎天巧，其针工之良哉，定为宋制无疑已。练川刘廷器获而装潢成卷，奚但供览，正以思古人不可得而见，见其制作，犹之见古人也。其好古道类此可嘉，用书而归之。弘治柔兆执徐如月朏，吴门张习志。

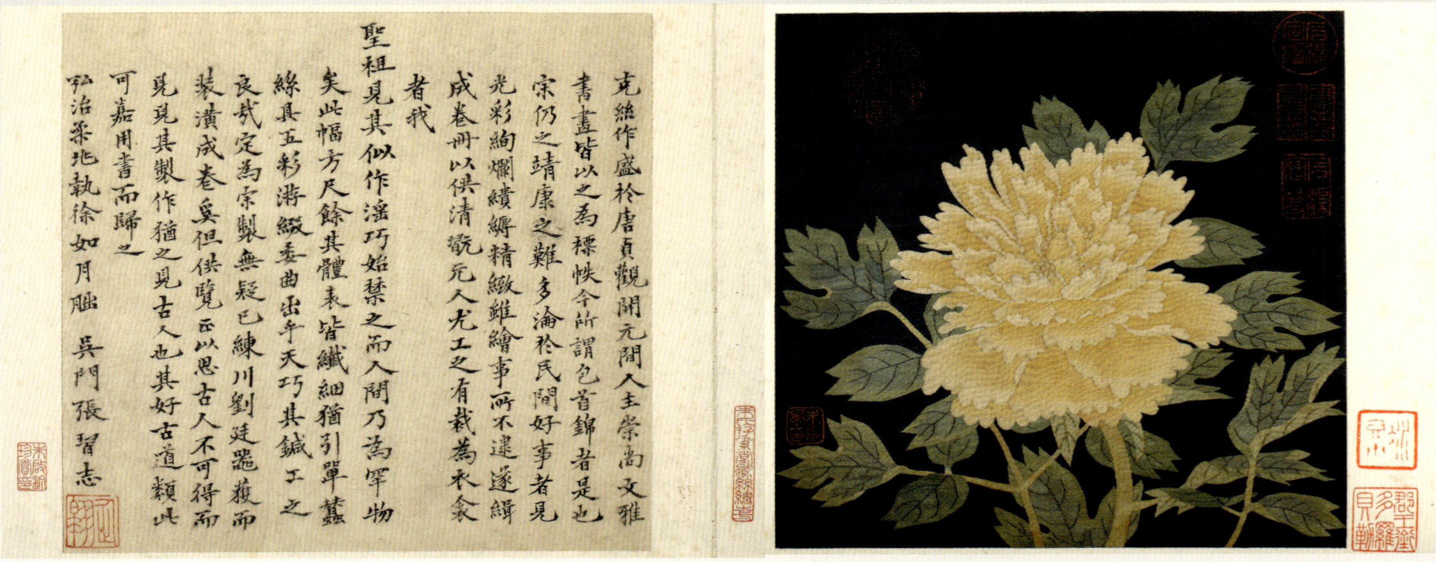

缂丝名家朱克柔及其存世作品

现存世朱克柔缂丝作品共7件。由存世缂丝作品所提供的信息可知，朱克柔，字朱强，云间（今上海松江）人。宋徽宗、高宗（1101—1162）时以缂丝著名。所缂人物、树石、花鸟，精巧绝伦。

《莲塘乳鸭图》中“江东朱刚制莲塘乳鸭图”款及“克柔”朱文印

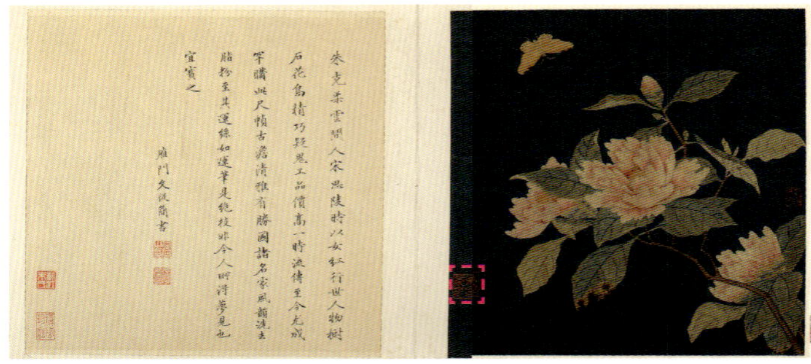

南宋《山茶蛱蝶图》册页中的“朱克柔印”

朱缂法——朱克柔缂丝技法突破与创新

为达到宋画中晕染如生的艺术效果，朱克柔将“合花线”配色法和“长短戗缂”缂织法相结合，独创出“朱缂法”工艺技术，对缂丝技法大胆创新。

❖ 东汉晕裥缂毛拉绒织物

❖ “晕间变色”工艺的北宋绛紫色地紫天鹿缂丝

❖ 朱克柔《牡丹图》中的“长短戗缂”缂织技艺

乾隆钤印与“乾隆御览之宝”“石渠宝笈”“石渠定鉴”“宝笈重编”

《石渠宝笈》是清代乾隆、嘉庆两朝编纂的关于宫廷收藏的大型著录文献，主要收录自晋、六朝、隋唐直至清朝的书法、绘画、碑帖、版本、缂丝等。清代乾隆皇帝对古代艺术非常重视，在位期间对艺术品进行了钦定，除在本幅加盖“乾隆御览之宝”外，还对收入《石渠宝笈》等书目中的艺术品钤上相应的玺印，并在书中分别注明该件收贮处所，以重典守。

“石渠定鉴”

“乾隆御览之宝”

“宝笈重编”

《虢国夫人游春图》卷

“石渠宝笈”

文物图解

缂丝《牡丹图》为一生机勃勃独枝盛开的牡丹。花瓣用“长短戗缂”技法，以深浅不同的三种黄色和三种绿色，利用织梭伸展的长短变化，使深色纬与浅色纬互相缂织穿插，表现出色彩过渡的变化。牡丹的反转变化由里向外逐渐变淡，并在两色相会处晕散，色晕如画，如同笔墨晕，具有绘画般的效果。花叶阴阳相分，层次分明，是朱克柔缂丝中的杰作。缂丝上有“乾隆御览之宝”“石渠宝笈”“宝笈重编”“石渠定鉴”四玺印，为清宫收藏时所钤。

内容拓展

缂丝的源与流

缂丝源于古埃及和西亚地区的缂毛工艺，最早出现于唐代，宋代技艺迅速提高，出现了祝福、祝寿类题材的观赏用缂丝；元代缂丝的品种和题材进一步扩大，肖像、神话故事、宗教人物类图案较为多见；明清时期出现了缂、画并用的作品。

汉代镶动物纹缂毛裙及局部

唐代彩织缂丝带

南宋沈子蕃缂丝《青碧山水图》轴

元代缂丝《八仙祝寿图》

明代缂丝红地云蟒宝相花纹椅披

清代缂丝加绘群仙婴戏“大吉”镜心

清代缂丝加毛《九安同居》挂屏

宋画与缂丝

宋代宫廷画画风严谨，构图简洁，特重精工，既符合当时上流社会推崇的高雅风格，又具备良好的观赏效果。缂丝艺人以书画作品为蓝本制作，在深刻理解原画艺术精神的基础上，以高超的技巧完整地再现原作。

南宋林椿《梅竹寒禽图》与南宋沈子蕃缂丝《花鸟图》

宋佚名《牡丹图》纨扇页与南宋朱克柔缂丝《牡丹图》

尾语

当今中国弘扬“工匠精神”，倡导执着和专注，更强调持续推陈出新。精益求精、一丝不苟的创作态度在朱克柔的作品上得到完美体现。艺术的天分和熟练的技巧，加上严谨的态度和全力的倾注，才能创作出精美的缂丝作品，这是朱克柔及其缂丝作品给予我们的启迪。

【撰稿】余斌霞

辽代

鎏金高翅银冠

冠箍口径 19.5 厘米；冠体高 26 厘米；
立翅高 30 厘米，宽 17.5 厘米；重 830 克
1986 年内蒙古通辽陈国公主与驸马墓出土
内蒙古博物院藏

陈国公主的殡葬器，是公主和驸马举行婚礼时朝廷所赐之死后随葬物。冠用鎏金薄银片锤击成各部位形状，并用细银丝缝缀加固而成。冠正面和两侧立翅镂空并錾刻火焰宝珠、凤鸟和变形云纹等花纹。冠顶缀饰中原道教中的最高尊神元始天尊，他被称为主持天界之祖。高翅冠是契丹贵族妇女专用冠饰，而装饰道教、佛教及汉文化图案，说明当时契丹民族文化与汉文化的继承和融合。

背景资料

据《辽史》记载，公主下嫁时，皇帝除需准备各式嫁妆外，还要准备全套殡葬服饰。陈国公主与驸马合葬墓出土的鎏金银冠，与随葬的金面具、银丝网络、鎏金錾花银靴、金银带饰，均是公主下嫁时由朝廷所赐的殡葬服饰。

鎏金高翅银冠出土情景

文物图解

鎏金高翅银冠纹饰

高翅银冠制作沿袭了唐代金银器的錾刻、鎏金、锤揲、线雕、镂空、切削、铸造等多种工艺。使用了飞凤、云纹、卷草纹等大量汉文化装饰图案，道教、佛教文化元素同体，体现了契丹人的宗教信仰，但几乎不见反映草原游牧文化特色的图案。

冠顶

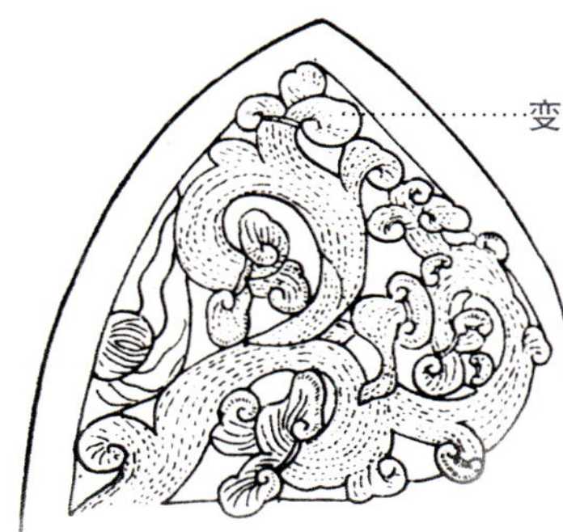

银冠背面

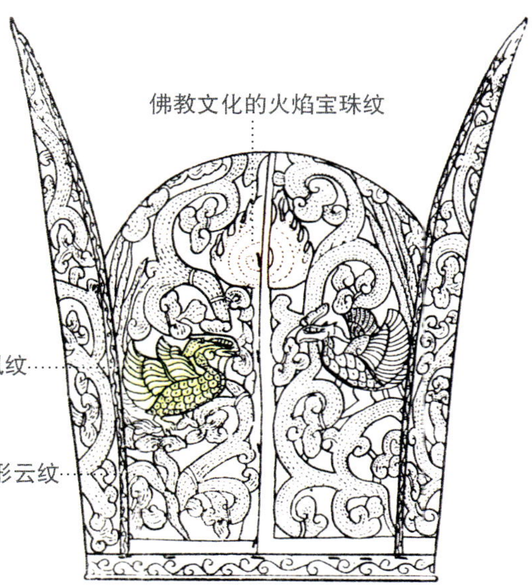

银冠正面

立翅

内容拓展

辽代金冠种类

金冠是辽代契丹上层贵族在朝会、宴饮、祭祀等礼仪场合，以及殡葬入殓时所戴首服，主要有四种形制。其造型、结构、工艺与装饰等要素整体上呈现出独特气质，迥异于中国古代其他时期、其他民族的服饰文化和艺术风格，体现了契丹贵族的奢华生活，反映了契丹本土文化与中原文化、外域文化之间的交融。

❖ 高翅金冠

是指半球形冠筒两侧竖立一对翅膀状叶片的冠式。

陈国公主与驸马墓鎏金高翅银冠

香港大学美术博物馆藏鎏金高翅龙戏珠纹铜冠

❖ 卷云纹金冠

由数片形如云朵状的金属叶片连缀拼合而成的冠式。

陈国公主与驸马墓鎏金卷云纹银冠

2006 年拍卖的辽代鎏金卷云纹冠

❖ 莲叶金冠

主体是一个通体镂刻鱼鳞纹的半球形冠筒，在其前后缀以各式莲叶形金叶片。

韩国收藏家藏辽代鎏金莲叶银冠

甘肃省博物馆藏辽代鎏金莲叶银冠

❖ 菩萨金冠

捶卷而成。前檐顶尖呈“山”字形，装饰二龙、二凤、龙凤戏珠等纹样。

辽宁建平张家营子辽墓鎏金双龙戏珠纹银冠

香港大学美术博物馆藏辽代鎏金双龙戏珠纹银冠

北方游牧民族金冠源流

契丹金冠与中原地区所见各种冠式皆不相同，应是受北方游牧民族传统冠式影响。早期的匈奴、鲜卑等北方民族，都喜欢在冠上加金饰。鲜卑族有戴步摇冠的传统，辽代契丹人作为鲜卑族后裔，其所戴金冠应是汉代以来鲜卑族步摇冠的衍变。

内蒙古阿鲁柴登战国匈奴墓鹰顶金冠饰

【撰稿】喻燕姣

金代

砖雕戏俑

高 50 厘米，宽 20 厘米
2009 年山西稷山化肥厂金墓出土
山西博物院藏

4 件砖浮雕戏俑位于墓室南壁须弥座上，应为金院本的一个演出场面。其上一排青砖涂成红色，以写意手法表示此为舞台。墓室出有两副骨架，当是夫妻合葬，头皆向北，正好与南壁形成对观视角。4 个戏曲人物皆以砖浮雕而成，施以彩绘，脸部都涂抹有红色的类似肤色的颜料。据元陶宗仪《辍耕录》卷二十五《院本名目》载，应分别为元杂剧中的末泥、副末、副净、装孤。为研究金早期戏曲艺术提供了重要的实物资料。

背景资料

山西侯马、稷山等晋南地区，以及河南偃师、焦作、温县、洛宁等地宋金时期仿木结构砖室墓中，流行墓主在享用“开芳宴”的同时，观赏散乐或杂剧表演，侍者立于左右听候吩咐的场景。这些墓葬为研究宋金杂剧、院本的演变提供了丰富的实物资料。

河南禹州白沙宋墓"开芳宴"及戏乐图

稷山化肥厂金墓

夫妻合葬墓，墓内仅出土一件黑釉小碗，当作油灯使用。墓主应是较富有的普通平民，以砖雕戏曲俑随葬，可见戏曲在当地已较为流行。

稷山化肥厂金墓戏俑出土情况

黑色长脚幞头
黄色里衫
圆领小袖长袍着地
腰带上饰物

末泥

翘角幞头
涂黑，表示胡须
里、外黄色衫衣
宽腰带上有红色饰物

副末

黑边平顶帽
有明显的的黑色描画
白色对襟长衫仅至膝
领、袖绎黑边
系白色绳带
橙红色腰带或裙
橙红色长裤

副净

黑色短脚幞头
描绘卷曲的八字须

装孤

内容拓展

历代戏曲演变

❖ 汉代：说唱、乐舞百戏

东汉画像石
四川博物院藏

东汉说唱俑
中国国家博物馆藏

❖ 唐五代：参军、散乐

唐参军戏俑
中国国家博物馆藏

五代彩绘散乐图石浮雕
河北博物院藏

薛能《吴姬》："楼台重叠满天云，殷殷鸣鼍世上闻。此日杨花初似雪，女儿弦管弄参军。"
《资治通鉴·后梁纪五》："知训狎侮吴王，无复君臣之礼。尝与王为优，自为参军，使王为苍鹘，总角弊衣执帽以从。"

❖ 宋代：杂剧

宋《杂剧人物图》绢画
故宫博物院藏

南宋《眼药酸》杂剧绢画
故宫博物院藏

以滑稽搞怪为主

北宋杂剧人物砖雕
河南温县西关出土
角色制开始出现

❖ 金代：院本，角色定型

杂剧俑
金代早期院本仍以滑稽调笑为主，副净及副末是主角，末泥居边，副净居中

杂剧俑
山西侯马董氏墓出土。金代晚期末泥开始居中，成为主角

杂剧俑
山西稷山金段氏墓群4号墓出土

杂剧俑
山西稷山化峪3号金墓出土

❖ 元代：戏曲黄金时代

北方沿袭砖雕表现形式
河南焦作出土杂剧俑

磁州窑戏曲瓷枕
河北峰峰矿区文物保管所藏

舞台的变迁

❖ 唐 代

露天高台：舞台的最初形式
陈旸《乐书》熊罴案

❖ 宋代、金代：出现专门的表演舞亭

山西侯马金代董氏墓出土

山西高平二郎庙戏台

❖ 元代：舞台基本定型

以悬挂帐幔隔出前、后台，是元代戏台的特点

山西洪峒元泰定元年壁画上戏台表演场景

藻井

舞台上部有几层井字框架，越往上越小，形成藻井形式，具有聚音和共鸣效果

山西元牛王庙戏台

湖南桂阳下源江清代彭氏宗祠戏台

尾语

人们常常以观者身份看戏，为戏里人物所感动、叹服。人生就是大舞台，每人每天都在扮演自己的角色，不仅周边人在看，还可通过互联网传给社会，如何演好自己的人生，才是需要我们思考的。

【撰稿】李建毛

捌

太和盛平

元明清时期，国家维持大一统，辽阔的版图、专制的体制，既能聚集巨额财富，又能通过庞大官僚管理体系维系政权的稳定，国力强盛。手工业在“匠人精神”的催化下走向极致，文化也得到相应发展，戏曲进入黄金时代，以苏杭为代表的江南经济中心，也是文化的源发地。与此同时，西方国家开始文艺复兴，向工业化迈进，世界格局悄然改变。

青白釉镂雕『八仙庆寿』戏曲瓷枕

元代

长 32 厘米，宽 15 厘米，高 18 厘米
1981 年安徽岳西司空村出土
岳西县文管所藏

枕面作如意形，俯视也似道冠。枕座集建筑、舞台、人物雕塑于一体。正殿上宫门珠帘垂挂，两侧透雕古钱纹隔扇，巧妙地隔出正殿和偏室，殿外两侧绕以玉砌回廊，有天庭玉宇琼楼之感。其间塑有 18 个人物，姿态各异，表演“八仙庆寿”。施青白釉，制作极其精细，是元代景德镇瓷器的佳作。

背景资料

瓷枕最早出现于隋代，唐代大量出现，随着时间推移，形体越来越大，其上常饰绘画或题书诗词曲。镂雕戏曲枕是元代景德镇特有器形，中原地区则流行以壁画或砖雕形式将戏曲带入墓室，均反映了戏曲的普及。

文物图解

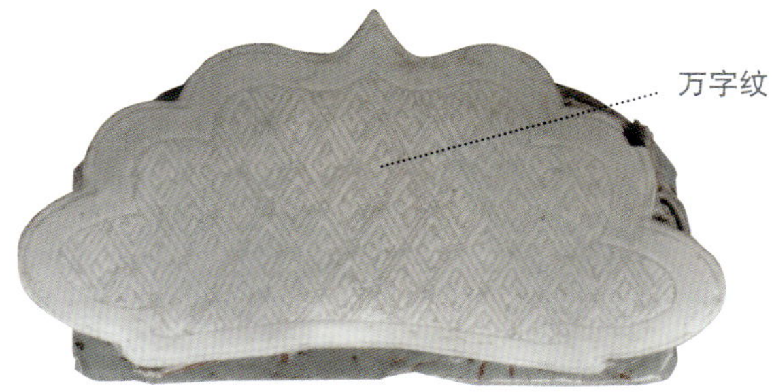

如意形枕面

正　面

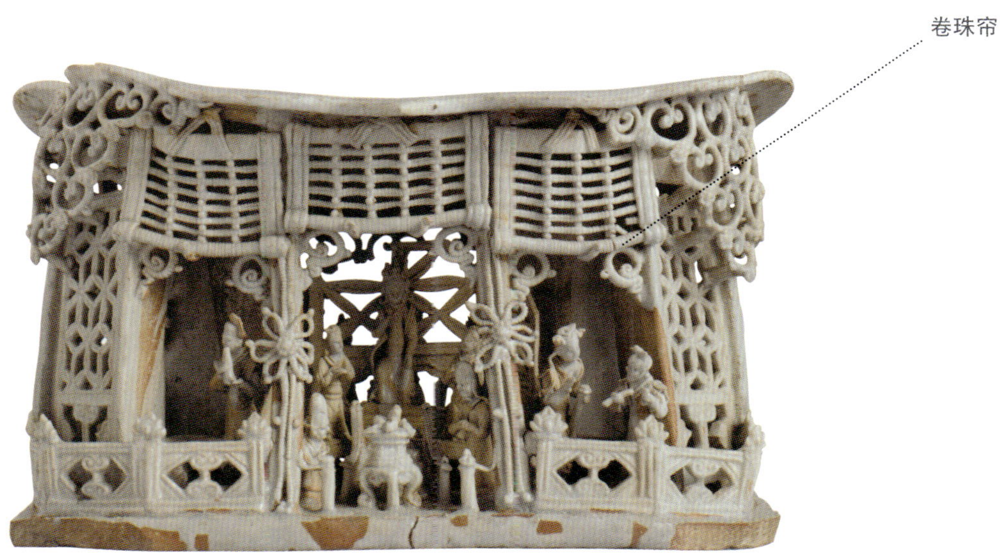

背　面

正　殿

后　殿

侧殿中的八仙

内容拓展

八仙的形成

❖ 东汉至唐：八仙初始相传

淮南八仙，即淮南八公，高诱《叙目》记载：苏飞、目尚、左吴、田由、雷被、毛被、伍被、晋昌。

淮南八公山珍珠泉

❖ 宋金元：八仙故事定形，并成为喜闻乐见的戏曲

白釉黑花八仙图枕面
河北峰峰矿区文物保管所藏

白釉黑花八仙图枕
河北峰峰矿区磁州窑艺术博物馆藏

❖ 明清：出现上、中、下八仙

上八仙：福、禄、寿三星，张仙、东方朔、陈抟、彭祖、骊山老母。

中八仙：张果老、铁拐李、汉钟离（钟离权）、吕洞宾、韩湘子、何仙姑、蓝采和、曹国舅。

下八仙：王乔、陈戚子、徐神翁、刘伶、陈抟、毕卓、任风子、刘海蟾。此外还有多种说法。

明万历青花八仙过海图罐
北京海淀区博物馆藏

清乾隆粉彩八仙人物图瓶
上海博物馆藏

八仙剧本

八仙具有广泛代表性，男女老幼、富贵贫贱、文庄粗野，社会各色人等均可找到“知音”。每逢迎神赛会和祝福拜寿，八仙必是不可缺少戏内角色。

作　者	杂剧名称	（出场八仙▲）									
		李铁拐	钟离权	吕洞宾	张果老	韩湘子	蓝采和	何仙姑	曹国舅	徐神翁	张四郎
马致远	岳阳楼	▲	▲	▲	▲	▲	▲		▲	▲	
马致远等四人	黄粱梦		▲	▲							
岳伯川	铁拐李	▲	▲	▲	▲	▲	▲		▲		▲
范　康	竹叶舟	▲	▲	▲	▲	▲	▲	▲		▲	
贾仲名	金安寿	▲	▲	▲	▲	▲	▲				
贾仲名	升仙梦		▲	▲							▲
谷子敬	城南柳	▲	▲	▲	▲	▲	▲		▲	▲	
无名氏	蓝采和		▲	▲			▲				
无名氏	玩江亭	▲	▲								

瓷枕的演变：由小变大、变长，逐渐成为文化的载体

时代	隋	唐	北宋	金	元
瓷枕图片	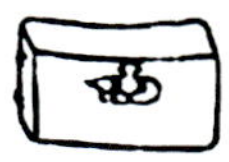				
文物来源	张盛墓出土	长沙窑瓷枕 湖南省博物馆藏	定窑孩儿枕 故宫博物院藏	磁州窑虎形枕 河北博物院藏	磁州窑瓷枕 日本东京国立博物院藏
尺寸	长 3.9 厘米	长 13 厘米	长 30 厘米	长 34 厘米	长 43.3 厘米

元瓷镂雕戏曲故事

"白蛇传"戏曲枕
江西丰城东方红大街 320 号元墓出土，丰城市博物馆藏

青花釉里红戏曲故事谷仓
江西省博物馆藏

"广寒宫"戏曲瓷枕
山西大同城西五旦店出土，大同市博物馆藏

青白釉镂雕戏曲故事瓷枕
首都博物馆藏

【撰稿】李建毛

元代 王渊《桃竹锦鸡》图轴

纵 102.3 厘米，横 55.4 厘米
纸本水墨
故宫博物院藏

图中太湖石上立一锦鸡，正梳理羽毛，另一只半藏于太湖石后，昂首凝神。上部绽放的桃花与竹叶穿插，一只山雀正在昂首吟唱。远处的溪水上飘着几片花瓣缓缓流下。画面将花、鸟、流水的动态凝成一瞬，非常鲜活。此画将工整双勾的线条和细腻的水墨渲染合为一体，以墨代色，反映了文人画重墨轻色的审美观。作者王渊，杭州人，一生不仕，专擅墨笔花鸟、竹石。画意蕴藉清润、幽静深秀。题款“至正己丑，王若水为惠明作山桃锦鸡图”，钤印“澹轩”朱文印、“王若水印”白文印。

内容拓展

鸡在中国向有“德禽”之称，《韩诗外传》载：“鸡有五德：首戴冠者，文也；足搏距者，武也；敌在前敢斗者，勇也；见食相呼者，仁也；守夜不失者，信也。”其文武兼备、仁勇俱存、信守专一的性格为世人所激赏，历代也留下了不少以鸡为题材的绘画。

北宋赵佶《芙蓉锦鸡》图轴

绢本设色，纵 81.5 厘米，横 53.6 厘米

故宫博物院藏

明代沈周《古木花冠》图轴

纸本设色，纵 134.5 厘米，横 64 厘米

私人藏

明代吕纪《寒雪山鸡图》图轴
纸本水墨，纵 135.3 厘米，横 47.2 厘米
台北"故宫博物院"藏

明代吕纪《双雉》图轴
绢本设色，纵 128.4 厘米，横 84.9 厘米
上海博物馆藏

清代郎世宁《锦春》图轴
绢本设色，纵 121.7 厘米，横 69.2 厘米
台北“故宫博物院”藏

清代任伯年《月夜山鸡》图轴
纸本设色，纵 111.2 厘米，横 55.4 厘米
故宫博物院藏

【撰稿】卢莉

明代 仇英《清明上河图》

纵 30.5 厘米，横 987 厘米
绢本设色
辽宁省博物馆藏

仇英的《清明上河图》全卷的结构大体按张择端《清明上河图》的景物顺序布局，却是以明代苏州城为背景，描绘了明代中期苏州城繁华的市井生活和民俗风情。场面宏大，气势宏伟，画中有山川、城郭及各类市井生活场面，生动地再现了明代苏州商业经济、工艺技术、文化娱乐等多方面的场景，是一幅具有纪实性质的社会世俗风情画卷，具有重要的史料价值。款署“仇英实父制”，钤印“十洲”朱文印、“仇英之印”白文印。仇英与沈周、文徵明和唐寅并称为“明四家”，工山水、人物、花鸟，尤善摹古。

參苓補糕
各色細果
各樣金銀首飾

本店宰賃猪羊

背景资料

明代江南是全国经济文化中心，苏州、杭州则是江南地区最富庶、最繁华的城市，文人骚客最向往之地。据统计明苏州是全国人口最密集的地区，进士872人，居全国之首，市民文学版刻数量全国最多，万历许墅钞关税收额位列全国第二，时有“上有天堂，下有苏杭”之谚。

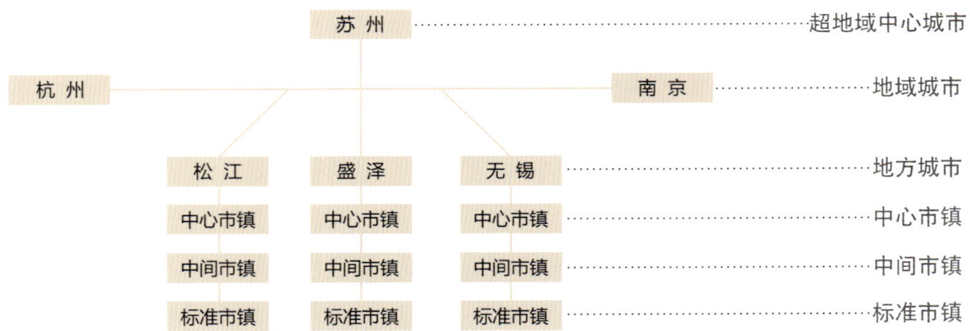

明代江南地区市场体系结构图

转引自王卫平《明清时期江南城市史研究：以苏州为中心》

文物图解

仇英《清明上河图》与宋张择端《清明上河图》的比较

构图上的借鉴

仇英的《清明上河图》侧重表现的中心是苏州繁华的街市，却从郊外幽静的村庄起笔，与张择端《清明上河图》在构图上有异曲同工之妙。整幅画分为数段：沿运河从城郊的风景入画，起首郊外烟波浩渺，青山逶迤，浮云如带；其次为村居戏台、芳陌雅舍、田亩佛寺之属；过虹桥，至城门入市区，帆船往来，商贾云集，城门内街坊、店铺鳞次栉比，更有青楼歌馆、仕宦府第之类；末段则以红墙三折隔开，界画水上宫阙与高台。以田园牧歌景象开篇，以一段水上宫阙收束。将400多年前明代苏州城和江南的风物人情尽呈读者面前。

细节上的改造

桥　梁

张氏本为跨度较大的简易木质结构，桥面平缓，适宜人、畜、车共行，粗犷而实用。

仇英本多为跨度较小的石桥，桥面陡峭，仅供人行，融观赏性与实用性于一体。

城 门

张氏本为方形，为典型的宋代建筑范式。

仇英本为圆拱形，是典型的明代建筑范式。

仇英《清明上河图》所反映的明代苏州城市生活风情及商业社会

❖生活风情

车 水

田间劳作

踢 球

打 架

化　缘

独轮车出行

家中看戏

荡秋千

❖各行各业

江南的商业城市中出现了很多新兴行业，大致分为两类：一是与市民阶层休闲活动相关的服务性行业；二是混迹城镇、以各类手段谋生的游民。

街头小贩类

街头表演

比武卖艺

卖扇子

古董摊

店铺类

店铺经营除了涉及一般衣食住行的米行、酒馆、布行等之外，还有占卜、医药、家具、书坊、扇铺、古玩字画、瓷漆工艺、租借典当之类，社会各行各业，可谓应有尽有。

肉　铺

官盐店

酒　馆

小儿诊所

书　店

随着商业社会的发展，服饰、器用等被广泛僭越使用，促使打造银器铺、金银首饰铺、家具作坊、成衣铺、典当铺等涌现在苏州城大小商业街巷之中。

成衣店

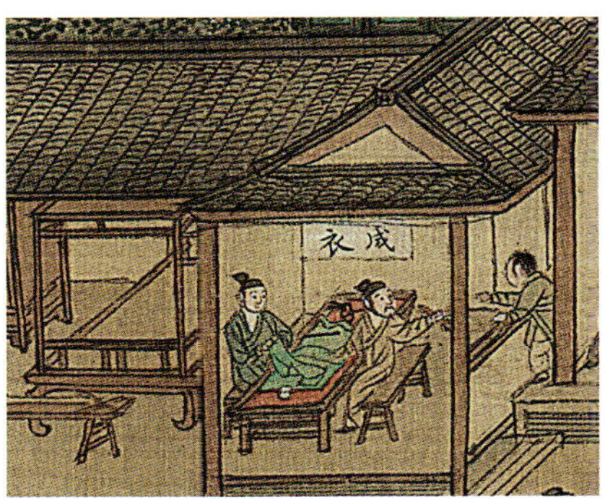

典衣行

鞋　店

铜器店

兑换纹银酒器、金银首饰店

家具店

【撰稿】卢莉

清代 珊瑚红地珐琅彩花鸟瓶

高 21.5 厘米，口径 3.5 厘米，底径 8.2 厘米
首都博物馆藏

此瓶作蒜头壶式，通体以珊瑚红釉为地，其上以白、绿、蓝、黄、赭、胭脂红等珐琅彩绘碧桃花、翠竹，腹部和颈部各绘一只小鸟，蜜蜂飞舞于花丛，呈现出一派鸟语花香、春意盎然的景象。外底青花书“大清雍正年制”六字双行楷书款。器形端正饱满，红釉庄重艳丽，纹饰精致淡雅，堪称珐琅彩瓷器中的经典之作。

文物解读

器 形

蒜头瓶是明清陶瓷中的常见器形，仿自秦汉时期青铜蒜头壶。

汉代青铜蒜头壶
台北“故宫博物院”藏

元代青铜蒜头壶
新安沉船出水

明万历青花鱼藻纹蒜头瓶
故宫博物院藏

清代珊瑚红地珐琅彩花鸟瓶
首都博物馆藏

珊瑚红釉

珊瑚红釉属低温铁红釉，系将配好的釉料吹于细白瓷器上低温烧成，康熙朝景德镇窑创烧，盛行于雍正、乾隆时期。

珐琅彩

珐琅，又称“佛郎”“法蓝”“景泰蓝”，多用于铜器装饰，即铜胎画珐琅，是以矿物质的硅、铅丹、硼砂、长石、石英等原料按适当比例混合，加入呈色金属氧化物制成，康熙晚期珐琅彩瓷器烧造成功，雍正六年开始自制珐琅彩料。

瓷器纹饰展开图

五代黄荃《写生珍禽图》中画眉（居中）
故宫博物院藏

元代王渊《桃竹锦鸡》图轴
故宫博物院藏

清代蒋廷锡《花鸟立轴》
纵 131 厘米，横 65 厘米。绘于乙巳（雍正三年，1725）八月，
尤其是竹的画法与用彩和珊瑚红地珐琅彩花鸟瓶十分相似

经过比对，推测纹样为著名宫廷花鸟画家蒋廷锡供稿。蒋廷锡供职于康熙、雍正两朝，其画深受康熙、雍正皇帝赏识，开创了清代著名的“蒋派”花鸟画。蒋廷锡继承五代黄筌、元代王渊花鸟画风格，重视观察体会花鸟的形态习性，所画翎毛昆虫，形象逼真，手法细致工整，色彩富丽典雅。

内容拓展

珐琅彩瓷器烧制流程

器形做木样、宫廷画家设计画稿—皇帝亲自审定—景德镇御窑按样烧制上等白瓷—运至宫廷—内务府造办处画珐琅彩—入小炉低温烧成。

《清宫内务府造办处记事录》记载：“尔等可降旨与乾清宫总管要求碹做木样呈览，看准时交年希尧照样将填白釉瓷壶烧造些送来，以备烧珐琅用。钦此。”

清代唐英《陶冶图说·明炉暗炉》载：“白胎瓷器于窑内烧成，始施彩画，彩画后复需烧炼以固颜色，爰有明、暗炉之设。小件则用明炉（右图右上角），炉类法琅所用，口肩向外，周围炭火，器置铁轮，其下托以铁叉，将瓷器送入炉中，傍以铁钩拨轮，令其转旋以匀火气，以画料光亮为度。”

明炉暗炉

烧造机构：养心殿造办处珐琅作

养心殿造办处是清朝内务府管辖下的一个独立机构，主要负责制造和贮存皇帝御用的金器、玉器、铜器、珐琅器、玻璃器等。总管内务府大臣的官秩为正二品，而造办处的管理大臣则往往由皇帝特选亲王或内廷行走的一品大员来担任，相当于由皇帝直接指挥。

雍正珐琅彩瓷器

雍正皇帝亲自干预珐琅彩的制作，珐琅彩工艺达到出神入化、炉火纯青的境界，表现出雍正皇帝“文雅”“秀气”“素静”“精细”的审美旨趣。

雍正珐琅彩松竹梅纹瓶
故宫博物院藏

雍正皇帝画像

雍正珐琅彩梅花牡丹纹碗
故宫博物院藏

雍正胭脂红地开光珐琅彩花鸟纹碗
故宫博物院藏

雍正淡黄地珐琅彩兰石纹碗
故宫博物院藏

【撰稿】方昭远

玖

开启新纪元

近代以来，无数仁人志士为国家独立、民族复兴前仆后继，最终在中国共产党领导下，完成了反帝反封建的革命任务，建立了崭新的中华人民共和国，开启了中华文明和民族复兴的新征程。

现代

北平和平解放时移交的城门钥匙

长 5.7—9.5 厘米，宽 2.5—3.2 厘米，厚 0.2—0.5 厘米
中国人民革命军事博物馆藏

中共中央、中央军委为了保护北平这座文化古城，决定进行和平谈判。双方经过谈判达成和平解放北平的协议。在换防时，国民党军队将城门钥匙交给了人民解放军。这些城门钥匙，从此成为北平和平解放的象征。这串钥匙共有 10 把，每把钥匙都拴有小木块，上有标号、地名：第壹号，西直门车站；第贰号，西直门站台北；第叁号，西直门前；第肆号，西直门站台；第伍号，无说明；第陆号，复兴门；第柒号、第捌号，无说明；第玖号，阜城（成）门；第拾号，西直门。这串钥匙除第伍、柒、捌号为中式外，其他均为西式，形制相同，正反面均有“鹰”图案，并标英文“CHIEF”。

历史背景

平津战役是解放战争中具有决定意义的三大战役之一，是解放战争中人民解放军在华北地区与国民党军进行的战略性决战。

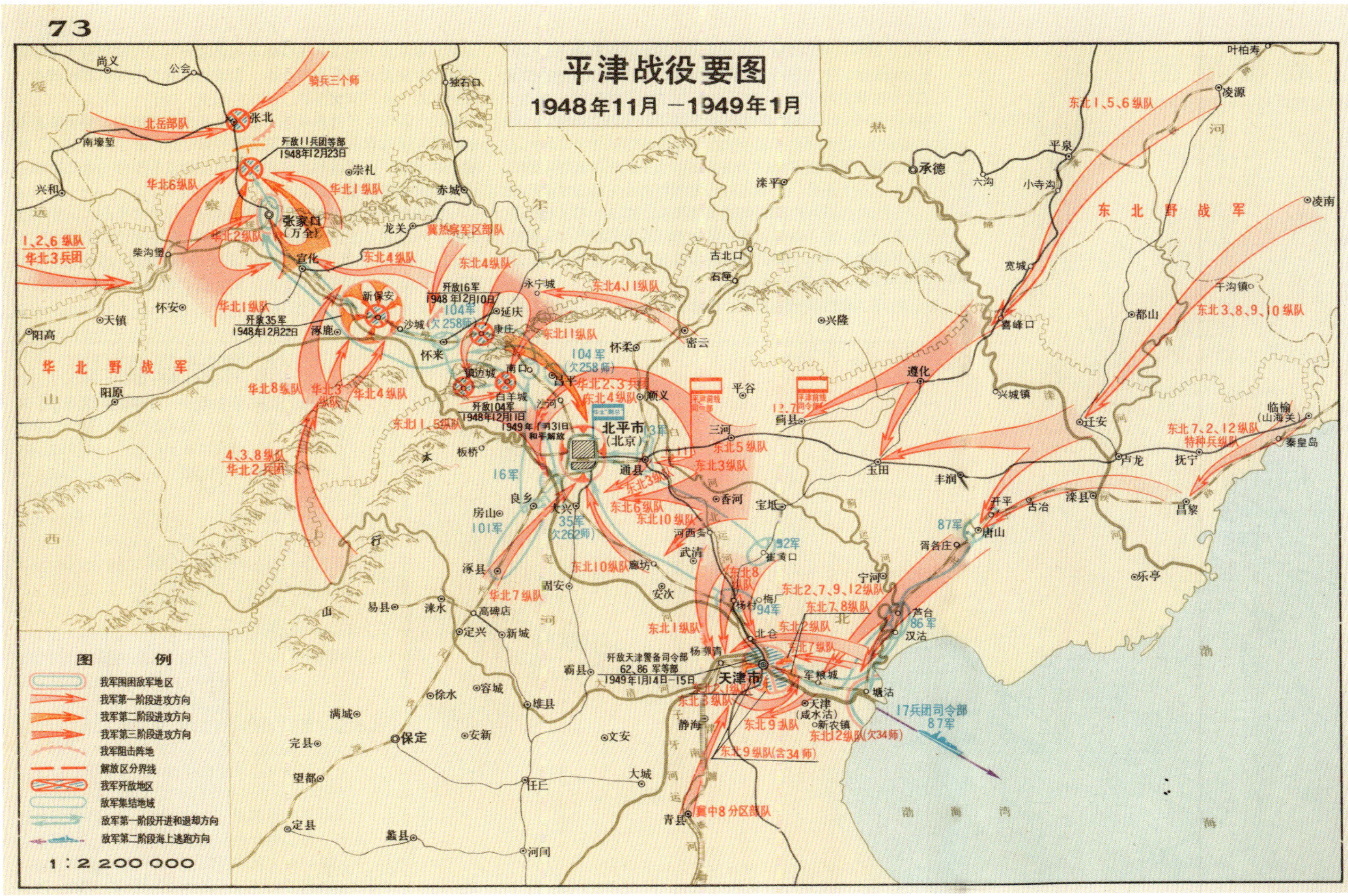

平津战役要图

1949 年 1 月 31 日，人民解放军与傅作义部队官兵交接北平防务

【撰稿】刘涛

现代

《决战前夕》油画

纵 200 厘米，横 245 厘米
中国人民革命军事博物馆藏

这幅油画为 1964 年由高虹所绘，是以西北野战军进入战略反攻的第一个胜仗——沙家店战役及人民解放战争转入战略进攻时期，毛泽东在其所住窑洞地图前巍然站立沉思为创作背景，展现毛泽东“胸中自有雄兵百万”的伟大气魄。1947 年 7 月至 9 月，人民解放军各路大军按照中共中央的部署，相继由内线转向外线，由战略防御转入战略进攻。

【撰稿】刘涛

后　记

“5·18”国际博物馆日主场活动，今年有幸在湖南省博物馆举办，受国家文物局的信任与委托，我馆依据今年国际博物馆日主题“作为文化中枢的博物馆：传统的未来”，特策划此展。

国内23家文博单位同行共襄盛举，鼎力支持，甄选30件（套）在中国文明中具有标杆性的珍贵文物作为展品。国家文物局、湖南省文化与旅游厅、湖南省文物局主管部门与分管领导也给予全力支持。

由于时间紧迫，在展品挑选、文物研究过程中，内容策划人员夜以继日地查阅资料，提前撰写方案，并且共同探讨，大胆挑战自我。由于各种原因，部分策划内容虽已完稿，而展品不能到位，又需重新策划，但内容策划人员均无怨言。此外，因个人研究专业所限，文物的解读难免有不准确或不到位之处，敬请方家谅解。

本展得以顺利开展，可谓是典型的众志成城之果。展览策划、筹备、设计与制作，图录的编辑与出版，不过月余，各部门参与人员多达百人，难以一一署名。为确保顺利开展，湘博人不计个人得失，牺牲节假日，克服了各种困难。

在此，谨表谢忱！

展览项目组

2019年4月27日

图书在版编目（CIP）数据

根·魂：中华文明物语 / 湖南省博物馆编 . -- 长沙：岳麓书社，2019.5

ISBN 978-7-5538-1122-2

(中国古代文明系列展)

Ⅰ . ①根… Ⅱ . ①湖… Ⅲ . ①中华文化 – 研究 Ⅳ . ① K203

中国版本图书馆 CIP 数据核字 (2019) 第 085103 号

GEN HUN——ZHONGHUA WENMING WUYU

书　名	**根 · 魂—— 中华文明物语** Root · Soul Story of the Chinese Civilization
丛书名	中国古代文明系列展 Culture of Ancient China Exhibition Series
编　者	湖南省博物馆
责任编辑	管巧灵　王文西　邱建明
特邀编辑	聂　菲　杨慧婷
特邀校对	王　超　刘慧林　曹梦茜　李瑶俐
翻　译	路旦俊
书籍设计	绿光视觉艺术工作室
出版发行	岳麓书社 湖南省长沙市爱民路 47 号　410006 http://www.yueluhistory.com（岳麓书社官网） lzfts.tmall.com（岳麓书社天猫店）
印　刷	雅昌文化（集团）有限公司
版　次	2019 年 5 月深圳第 1 版 2019 年 5 月深圳第 1 次印刷
规　格	开本 1/8　635 毫米 ×965 毫米　印张 19.5
印　数	1—2000 册
国际书号	ISBN 978-7-5538-1122-2
定　价	350.00 元